任我江海寄余生

——苏轼词传

知秋书系

苏轼——天生健笔一枝，自成江海

孟康◎著

中国出版集团

现代出版社

图书在版编目（ＣＩＰ）数据

任我江海寄余生：苏轼词传 / 孟康著. -- 北京：
现代出版社，2017.4

ISBN 978-7-5143-5975-6

Ⅰ. ①任… Ⅱ. ①孟… Ⅲ. ①苏轼（1036-1101）－
传记②苏轼（1036-1101）－宋词－诗歌欣赏 Ⅳ.
①K825.6②I207.23

中国版本图书馆CIP数据核字（2017）第057113号

任我江海寄余生 ： 苏轼词传

著　　者　孟　康
责任编辑　杨学庆
出版发行　现代出版社
通讯地址　北京市安定门外安华里504号
邮政编码　100011
电　　话　010-64267325 64245264（传真）
网　　址　www.1980xd.com
电子邮箱　xiandai@cnpitc.com.cn
印　　刷　三河市南阳印刷有限公司
开　　本　880mm×1230mm　1/32
印　　张　8.5
版　　次　2017年5月第1版　2020年5月第2次印刷
书　　号　ISBN 978-7-5143-5975-6
定　　价　38.00元

目 录
CONTENTS

苏　　轼　　词　　传

目 录
CONTENTS

苏　　　　轼　　　　词　　　　传

目录
CONTENTS

苏　　　轼　　　词　　　传

目录

CONTENTS

苏　　轼　　词　　传

目录
CONTENTS

苏　　　轼　　　词　　　传

前言
有一种江海叫苏子

苏轼是世间不可无一，但难能有二的天才人物。他集儒生、文学家、诗人、书法家、画家、建筑师、酿酒师、佛教居士等于一身。生前与三教九流游戏，死后被三教九流尊崇，所谓"大苏死去忙不彻，三教九流都拽扯"。

从东坡身上，能读出北宋的味道。这是一个精致典雅的朝代，一个逞才斗巧的朝代，这是一个在沉思中追求新趣的朝代，这是一个掌握不了自己命运的朝代。东坡只能属于北宋，就像阮籍只能属于魏晋，李白只能属于盛唐。

东坡不刻意为文，而文绝千古；不刻意为人，而名重九州。他"如行云流水，初无定质，但常行于所当行，常止于所不得不止，文理自然，姿态横生。"这是东坡的文章之道，亦是他的人生之道。

于散文，他是唐宋八大家之一；于诗，他站到了宋诗的最高点；于书法，他与黄庭坚、米芾、蔡京合称北宋四大家；于绘画，他最早提出文人画概念；于词，他开创了一个全新的流派……东坡的创造力让人羡慕而惊讶，赵翼说他："天生健笔一枝，爽若哀梨，快如并剪，有必达之隐，无难显之情。"东坡自己也毫不谦虚："吾文如万斛泉源，不择地而出。在平地滔滔汩汩，虽一日千里无难。"

自成江海的他，随意施出一瓢，便能灌溉许多田园。但他最成功的作品，不是《水调歌头·明月几时有》，不是《赤壁赋》，也不是他画的墨竹，而是他自己——他那丰富而别有趣味的人生。

不管他本人愿不愿意，在有着浓厚"彰善瘅恶"传统的中国，一个人死后即自动成为楷模或者箭靶。从功利角度看，史书留名是对生者的警诫，即使皇帝也要惮忌史官手中的那支笔；对死者来说，这也是生命价值的再次体现。

东坡不幸，一生仕途坎坷，屡遭贬谪。但后人却因东坡的不幸而幸。假设东坡逢圣朝，遇明主，无灾无难到公卿，生前尊显富贵，死后备极哀荣，那么世间不过多了一位能诗善词的富贵闲人，而错失的将不可估量：黄州东坡荒砯的田地里，生长着在厄运中保全自我的法门；惠州瘴气弥漫的林间，散布着从悲痛通往闲适的路径；儋州卑湿蒸溽的天地，潜藏着"习而安之"、无失无得的人生哲学。

更凑巧的是，他没有一直倒霉，中间还走过几次运——"三入承明，四至公卿"，命运多番捉弄，可不如此东坡便没有条件演绎什么叫宠辱不惊。

东坡应对苦难和迫害的心灵资源来自于：儒家固穷的坚毅精神、老庄对有限时空的超越和禅宗的平常心。东坡把它们糅合起来，言传身教，传授给这个多灾多难的民族。林语堂最懂苏东坡对中国人的意义，他说"一提到苏东坡，在中国总会引起人亲切敬佩的微笑"，这句话最能概括苏东坡的一切。

关于东坡的词，常人都以"豪放"称之，仿佛东坡所作全是"老夫聊发少年狂""大江东去"。可是如果翻一遍他的词集，会发现这种印象与事实相差甚远。其实王国维的评价才贴切："东坡之词旷"。

旷，才是苏词的最重要特点。东坡的清旷之气，让本为"艳科""小道"的词，"一洗绮罗香泽之态，摆脱绸缪宛转之度"，使人"登高望远，举首高歌，而逸怀浩气，超然乎尘垢之外。"从此，词方可登大雅之堂。

有真性情，方有真文字。元好问说东坡词是"性情之外，不知有文字"。他就像口无遮拦的孩子，心中所想，都流入笔端。东坡一肚子不合时宜，到了词中，全成诗意。读东坡词，可以爽口，可以怡情，可以遣怀。

第一章

离歌少年狂

情多而不乱，见美而不淫，东坡就是这
样的男子。

1. 烛下花前，曾醉离歌宴

一斛珠（洛城春晚）

洛城春晚。垂杨乱掩红楼半。小池轻浪纹如
篆。烛下花前，曾醉离歌宴。

自惜风流云雨散。关山有限情无限。待君重见
寻芳伴。为说相思，目断西楼燕。

那年那日是唐朝，那君那人是玄宗。

时唐明皇在花萼楼，恰逢外使觐见，奉献颇丰，遂命贴
身太监从贡物中取珍珠一斛，悄悄给梅妃送去。一斛者，十
斗也。这位"尤知音律"的"梨园鼻祖"，同时命乐府官用
新声谱曲，名"一斛珠"。该词牌名由此便传了开来。

梅妃者何人？梅妃不姓梅，而姓江，名采苹，开元年间

被选入大唐后宫。妃淡妆明秀，慧敏能文，又性喜梅，于是唐玄宗赐名"梅妃"，宠爱有加。很合情合理、合乎剧情发展的是，梅妃遭杨玉环妒忌，被迫迁居上阳东宫。玄宗思念梅妃，在夜里灭烛召见，被杨妃发觉，引起风波。之后乃有上述"一斛珠"的典故。结果如何？梅妃并不领情，写诗答道："柳叶双眉久不描，残妆和泪湿红绡。长门自是无梳洗，何必珍珠慰寂寥。"珍珠乃是无情物，怎慰朝朝暮暮心？

这是宋人传奇小说中记载的故事，未必全真，也未必全假。苏轼这阕《一斛珠》，乃是同样不真不假却有情有义有韵味的妙品。

情之于诗词，就像茶之于水，不可或缺，但难以捉摸。诗词中的情，往往难以确指，于是就难坏了各朝各代有考据癖的索隐派，大家各执一词，各有其理，却难定于一。以这首《一斛珠》为例，有人认为苏轼是追忆旧友，有人认为是怀念新婚妻子王弗。为故事的美丽起见，从后解。

这年（宋仁宗嘉祐元年，即1056），二十一岁的苏轼与父苏洵、弟苏辙一同离蜀赴京赶考，过关中，至洛阳时正当（闰）三月，乃暮春时节。

垂杨生绿，已可成荫，半掩红楼，摇曳参差。小池清浅，波纹如篆，如斯美景，谁人顾盼？景动人心，瞬息万里，他年他月，烛下花前。不醉美酒醉离歌，何时执手再重说？风流已散情不散，他日寻芳君为伴。此情此景谁可拟，斜阳一半西楼燕。

两年前，苏轼与乡贡进士王方之女王弗成婚，当时苏轼十九岁，王弗十六岁。这桩婚姻当然是父母之命、媒妁之言，为什么要结婚这么早？其中有父母的深远之虑。苏轼、苏辙兄弟快到二十岁的时候，家里就筹备让他们进京赶考了。可赶考之前，要把婚姻大事解决了。因为他们若是未婚进京，并且一考而中，就有可能要娶外地老婆了。

北宋年间有一种求婚习俗，京都中有未婚之女的富商，每年都眼巴巴地等着考试出榜，榜单一下，便立即向新得功名的未婚举子提亲。所以科举考试的季节，就是婚姻大事活跃进行的季节。作为父母的苏洵夫妇，觉得让儿子娶个本地姑娘，知根知底，要比迎娶哪个不了解的京都富商千金要好得多。于是就有了苏轼与王弗的婚姻，以及第二年苏辙和另一位本地姑娘的婚姻。

父母之命，未必全错；媒妁之言，未必不美。先婚姻后爱情，亦可成为一种美丽与浪漫，甚至更有可能化成朝朝暮暮的陪伴、年年岁岁的依念、生生死死的爱恋。

每一份真挚而深沉的感情，起点都是漫不经心的偶然，而结果与起点却没有那么吻合。"氓之蚩蚩，抱布贸丝，匪来贸丝，来即我谋"般的爱情，固然充满野性、新奇、刺激，催你"载笑载言""泣涕涟涟"。但最后的结果也有可能是"老使我怨""不思其反""亦已焉哉"！同样，父母之命与媒妁之言，也可以是命运大神的温柔点拨，从此两个生命日夜厮磨、相融相合、生死难割。苏轼与王弗的爱情，无疑就是这一种。

王弗嫁入苏家，事舅姑"以谨肃闻"，出身书香门第，但并不以诗书自矜。"其始，未尝自言其知书也。见轼读书，则终日不去，亦不知其能通也。其后轼有所忘，君辄能记之。问其他书，则皆略知之。由是始知其敏而静。"这段文字，出自苏轼多年后所作《亡妻王氏墓志铭》。

"敏而静"是苏轼给他爱妻的评价。这是一位聪慧而低调的女子，知书而不自言，但她显然很喜欢自己相公沉浸于读书时的模样。专注的男人最有魅力，大概古今一理。"见轼读书，终日不去"，这个简单的细节让人陶醉而感动。念念有词的苏轼，在读书间隙，抬眼四望，不经意看到凝神望着自己的妻子和她嘴角浅浅的微笑，这是怎样的温馨？

她的内敛、贤淑自始而终，她的聪慧却日久方显，苏轼不小心遗忘的文章书籍，她"辄能记之"，对其他书也"略知之"。"略知"应该也是谦语。苏轼至此方知这位妻子不仅秀外，而且慧中，不仅达理，而且知书，心里当陶陶然乐不可禁。

这位苏轼钟爱一生、牵挂一生的女子，不只是苏轼居家、读书的良伴，还是处世交游的贤内助。"轼与客言于外，君立屏间听之，退必反覆其言，曰：'某人也，言辄持两端，惟子意之所向，子何用与是人言？'有来求与轼亲厚甚者，君曰：'恐不能久。其与人锐，其去人必速。'已而果然。"通过察言观色来识人辨人，这方面女人的天赋往往比男人更出众。

　　"烛下花前，曾醉离歌宴。"洛城暮春，杨柳摇曳，草长莺飞。二十一岁的苏轼览美景，思佳人，难免"江山有限情无限"起来。在那万里之外的蜀国眉州，是否也有一位佳人，忽见陌头杨柳色，悔教夫婿觅封侯呢？

　　犯花痴的后世女子会说："来生嫁给苏东坡，哪怕历尽千年的情劫。"我们不知道王弗和苏轼的缘分耗了多少前世的劫难，但王弗嫁给苏轼时，肯定没有想到自己的夫君将成为光芒万丈的人物。王弗和苏轼的故事，温馨多过浪漫，凝望多过誓言，没有感天动地，也不求感天动地。它是有人间烟火味的，就像苏轼身上的味道一样。

　　常有人把苏轼看作不食人间烟火的"仙人"，其实是误读。苏轼其诗、其词、其人的可贵与可爱，在于他总是在人间寻找自在和快乐，而不追求什么幻境、彼岸、乌托邦。

2. 江上哀筝遣谁听

江城子（凤凰山下雨初晴）

凤凰山下雨初晴，水风清，晚霞明。一朵芙蕖，
开过尚盈盈。何处飞来双白鹭，如有意，慕娉婷。

忽闻江上弄哀筝，苦含情。遣谁听！烟敛云收，
依约是湘灵。欲待曲终寻问取，人不见，数峰青。

熙宁四年（1071）苏轼携家眷离京到杭州任通判。从
此，这位潇洒多情的才子便与杭州的湖山结下了难解之缘。
林语堂说杭州是苏轼的第二故乡。岂止第二故乡？"数典忘
祖"的苏轼，初到杭州便作诗"献媚"：

未成小隐聊中隐，可得长闲胜暂闲。

我本无家更安往，故乡无此好湖山。

　　人与地域的缘分往往是相互的。苏东坡的诗情，非杭州的画意不能尽其才；杭州的画意，非苏东坡的诗情不能极其妙。苏东坡得杭州，如鱼得水，生命再不枯燥；杭州得苏东坡，如水得鱼，从此有了灵魂。

　　此后的数年里，苏东坡便一直耽溺于湖光山色间。苏轼所住的公馆位于凤凰山顶，恰可俯瞰西湖。不管独自凭栏，还是携友同游，皆可尽兴。所谓一石一木都含情，一亭一寺皆成迹。漫不经意的足迹渐渐把苏东坡和杭州缠绕成一体。

　　是日午后，阴雨多日的天空终于放晴。阳光刺破云层将山水点亮，西湖上也渐渐多起了游船和游人。苏轼正待出门，忽见张先老先生家的仆人叩门而入，原来是张先邀苏轼共游西湖。同去，同去！美景自当与良朋共赏。

　　张先，字子野，诗风清丽，尤擅填词，因三个名句"云破月来花弄影""浮萍破处见山影""无数杨花过无影"被称为"张三影"。张先年长苏轼四十七岁，致仕后居于杭州，此时已年过八旬，但仍精力旺盛、兴致不减，常与苏轼酬唱应答。苏轼曾赠诗于张先曰："诗人老去莺莺在，公子归来燕燕忙"，以形容这位老翁年过八旬仍在家中蓄养歌伎的盛举。

张先、苏轼一众人游西湖。掠过湖面的清风，不知不觉已被水气浸湿，吹拂人面时便觉清凉无限。雨已歇，云未散，斜挂西天的太阳，把云朵们照射得五彩斑斓。众人言笑晏晏，走走停停。先绕湖而行，然后到西湖湖心的孤山上去凭吊白居易的祠堂。终于累了，于是在孤山竹阁前临湖亭歇下脚步。

　　孤山四面环水，岛上多梅花。苏轼等人谈论着白居易的掌故诗词，也没忘记随时品尝近湖远山的可餐美色。水面摇曳，舟行如梭，山色青翠，雾霭蒙蒙。谈论之声渐渐止住，仿佛每个人的魂魄都被水天一色的奇境摄了去。

　　众人的目光逐渐集于一只彩舟之上，它朝临湖亭翩翩驶来。近了，近了，可以看清了。那小舟华彩非常，舟上有靓装女子数人，其中一人尤为惹眼。这女子并非妙龄，看上去应该已三十多岁，但风姿绰约，仪态娴雅。那舟从哪里来？舟上这位女子是谁？她又为何而来？

　　在岸上好奇的人群中，有两位客人望着彩舟早已直了眼。而且当时这两位刘姓客人有孝在身，举止轻浮是大忌。不过孔子说过："发乎情，止乎礼义"，被美丽吸引乃人之常情，算不得轻浮。苏轼也不自觉地朝彩舟多打量了几眼。一望不打紧，一望而不可禁。

　　十三四岁的女子是豆蔻年华，含苞未放，楚楚动人；

二十多岁的女子，初知人事，流盼传情；三十多岁的女子呢，则像已经绽放的荷花，虽已开过，却仍盈盈俏立。当然，有的女子到了三十来岁便深居简出，全身心地相夫教子。而有的女子并不愿轻易雪藏自己的美丽，虽已过了所谓的"最佳时节"，但由于经历过的风雨化成了风韵，便显出另一番风味。

如果说这女子是一朵"开过尚盈盈"的荷花，那两位"痴心客"就是慕美而来的两只白鹭。白鹭很安静，只是默默地望着，不言不语、不动不惊。这一切都成了苏轼眼中的风景。

筝声忽然起于水面，是舟上的女子在弹。声声筝鸣尽凄婉，仿佛有无尽的心事想要诉说，她要说给谁听呢？在这陌生的地方，对着陌生的人，每一件心事都随着筝声传递开去。一句话都没说，可心思却一点都未保留。"知我者谓我心忧，不知我者谓我何求。"

刹那间，烟敛云收，天空像蓝玻璃一样澄澈透明。雾霭不见了，彩霞不见了，湖面上其余的船也像是有意闪开了似的，只剩下一壶清水，两只彩舟，一只在水上，一只在水下。苏轼再去看舟上的女子，只见她双手熟练地拨弄着琴弦，筝声凄婉，她脸上却露出难以形容的肃穆、平静。

她不是谁家的女子，她是远道而来的湘灵。湘灵，湘水之神，是古代尧帝之女、舜帝之妃娥皇和女英的灵魂所化。舜帝死时，二妃啼哭，泪洒竹上，竹子从此斑斑点点，湘妃竹是也。哭泣之后，她们跃入湘江，为夫殉情。湘妃化为神后，每次现身都尽显哀怨。这次也没有例外。

哀怨从来不是无缘无故的，哀怨的背后总是有说不尽的故事。可是过于沉重的故事却往往说不出来。所有的内容都融进了筝声。你听得出哀怨，却听不出为什么哀怨，你好像又知道为什么哀怨，可是你知道了也说不出口。音乐是最好的传情方式，传情是音乐的唯一目的。出她的心，入她的筝，由你的耳，入你的心。

听音乐时人容易闭眼，当你闭上眼，你才能看见更多。闭着眼的苏轼和"双白鹭"，等着音乐停止的那一刻，去打听"湘灵"的情况。可是当他们睁开眼，却发现彩舟已逝，湘灵已远，唯青峰数座，倒影幽然。

怀恋，遗憾。可就像断臂的维纳斯并不缺少什么一样，这忽然而来、又忽然而去的邂逅，本不需要有什么结果。"人不见，数峰青"，此时无声胜有声。

3. 十年生死两茫茫

江城子（十年生死两茫茫）

十年生死两茫茫，不思量，自难忘。千里孤坟，无处话凄凉。纵使相逢应不识，尘满面，鬓如霜。

夜来幽梦忽还乡，小轩窗，正梳妆。相顾无言，惟有泪千行。料得年年肠断处，明月夜，短松冈。

这首词原有题：乙卯正月二十日夜记梦。乙卯年，也就是宋神宗熙宁八年（1075），苏轼刚到密州上任。热闹的元宵节过去后，人都显得有些寥落。在充实而欢快的日子里，人往往不怎么做梦，而在窘迫寂寥时，却最容易浮想联翩、幽梦不断。

密州是一个穷僻的地方，与杭州简直有天壤之别。苏轼又向来不善理财，他自己说"平生未尝作活计……俸入所得，随手辄尽"，是个月光族。这时又赶上官员薪俸下调，苏轼的生活一下子变得十分拮据。他在密州写的《杞菊赋》中说："而予仕宦十有九年，家日益贫。衣食之奉，殆不如昔者。及移守胶西，意且一饱。而斋厨索然，不堪其忧。"

做了十九年官，家里一天比一天穷，俸禄又减少。到了胶西，也就是密州，连吃饱都成了奢望。为了填饱肚子，苏轼每天被迫跟同僚去古城荒废的园圃里找杞菊吃，边吃边相对苦笑。这日子过得不能不叫辛苦。

正月二十这天晚上，苏轼梦到了原配妻子王弗。王弗十六岁时嫁给比她大三岁的苏轼，婚后两人恩爱情深，生有一子苏迈。王弗是一位贤惠的妻子，侍奉舅姑十分谨肃，而且每次见苏轼读书，便"终日不去"，陪伴左右。举案齐眉乃题中之意，红袖添香是礼中之情。

谁也没有料到，王弗在二十七岁就年轻殂谢，不幸病逝于京师。苏轼在《亡妻王氏墓志铭》中记了一件事，父亲对他说："妇从汝于艰难，不可忘也。他日，汝必葬诸其姑之侧。"父亲告诫苏轼，糟糠之妻不可忘，还叮嘱一定要把她葬在母亲的坟墓边上。其实，这些事何须父亲叮嘱？苏轼只是以父亲之口，言心中之念而已。

这位"敏而静"的贤内助撒手西去，让苏轼觉得自己成了被遗弃在世间的孤儿，他说"余永无所依怙"，再也没有人与自己亲密无间地去面对风风雨雨。

这首《江城子》是古往今来最知名的悼亡词，但并不是苏轼第一次写词怀念亡妻。宋英宗治平二年（1065），即王弗去世的当年，苏轼就写过一首《翻香令》：

金炉犹暖麝煤残。惜香更把宝钗翻。重闻处，余熏在，这一番、气味胜从前。

背人偷盖小蓬山。更将沈水暗同然。且图得，氤氲久，为情深、嫌怕断头烟。

这首词，上片写苏轼在灵柩前烧香忆旧。苏轼回忆王弗，因为爱惜而翻动"宝钗"里残余未尽的香。很久之后，原来烧香的地方还有香气余存，气味甚至胜过从前。下片描述苏轼在殡仪时精心添香的情态。他背着人偷偷盖起小蓬山模样的香炉，不过是为了氤氲的香气能持久一点。一向通达的苏轼，甚至信了"断头烟"的说法。断头香是指未燃烧完就熄灭的香，俗传以断头香供佛，来生会得与亲人离散的果报。苏轼未必全信这个说法，但因为"情深"，还是从了这不明不白的规矩。

十年前，死神斩断了连理枝，拆散了双飞鸟，残忍而无情。

之后，苏轼遵父命葬王弗于家乡眉山的祖茔。从前夫妻携手共同度过了十年，而今幽明路隔又是十年。"荏苒冬春谢，寒暑忽流易"，时间从来不会照顾人的感受。

人生在世就好比寄宿旅店的行人，有的人会跟自己有缘而得以同行，但没有什么缘分是永恒不变的。下一站，说不定刚刚亲密起来的人就要分道扬镳。然而，有些东西会变，有些东西不会变，比如记忆。

"不思量，自难忘。"真正的刻骨铭心，从来不会形诸口口声声的碎碎念，只会默默埋藏于方寸之间那块柔软之地。思念，就像潜流于地表之下的暗河，在无痕无迹中默默流淌，在风景变幻里始终如一，但一遇出口，就会喷涌而出、波浪滔滔。对苏轼来讲，今夜的梦就是出口。

假如两人再见面，王弗还会不会认得自己？这十年，苏轼过得并不顺意，虽然文名如日中天，但在官场上却屡屡不顺。就在此前，他还上书论列吕惠卿扰民之罪，但之后从京城传来的消息却是弹劾、反对这个小人的正义之士，接连受到惩处。苏轼自然不会跟王弗讲这些琐事，但这些世事沧桑在苏轼脸上留下的痕迹，不可能逃过爱妻的眼睛。"尘满面，鬓如霜"的自己，会不会吓到妻子？

若不是每日暗暗系念着千里之外的孤坟，今夜苏轼的魂魄也不会突然还乡。暗自"回乡"的苏轼，是不是本打算去爱妻坟前拜祭？但梦常是无逻辑的，他突然来到故宅，来到两人一起居住过的地方。一切都是那么熟悉，那树，那走廊，那小窗，竟然还有在窗前梳妆打扮的她！

惊喜，是的，万分惊喜。即使知道这是梦，苏轼也感到十分满足，他要赶在梦醒之前，抓住每一分每一秒，跟妻子倾诉衷肠。他要好好问一问，这十年她过得怎么样。他要仔细看一看她的模样。有太多太多的话要说，有太多太多的事要做，即使是梦，也要梦个圆满。

可是，那么多话，从何说起呢？或者，既然相见了，又有什么话非说不可呢？要表达什么，千行泪水不够，但一个眼神足矣。

苏轼知道，过了今天，自己还要恢复平静的生活，照旧要把思念埋在心中。埋在哪儿呢？"明月夜，短松冈。"

悼亡诗写得最有名的，一是潘岳，一是元稹。

潘岳在丧妻之后"望庐思其人，入室想所历"，他看到的是："帏屏无仿佛，翰墨有余迹。流芳未及歇，遗挂犹在壁。"不管物是人非，还是人物皆非，都只能在心中勾起忧伤。潘岳感慨道："如彼翰林鸟，双栖一朝只。如彼游川鱼，比目中路析。"

元稹则写过著名的"曾经沧海难为水，除却巫山不是云"。比这句人人皆知的誓言更催泪的，是他妻子生前共同

21

经历的回忆：

　　　　昔日戏言身后意，今朝都到眼前来。

　　　　衣裳已施行看尽，针线犹存未忍开。

　　　　尚想旧情怜婢仆，也曾因梦送钱财。

　　　　诚知此恨人人有，贫贱夫妻百事哀。

　　同样是"贫贱夫妻"，苏轼与王弗的生活总体也算欢乐。不过王弗不是才女，与"赌书消得泼茶香"的赵明诚、李清照相比，有人会觉得缺了些什么。但他们缺少的并不是内心的默契，而只是形式上的交流罢了。这并不是什么缺憾。心心相印的两个人，不需要留下什么可供传诵的佳话。如果需要，东坡的这个梦就是佳话。

4. 佳人言语好，不愿求新巧

南歌子·感旧（寸恨谁云短）

寸恨谁云短，绵绵岂易裁。半年眉绿未曾开。

明月好风闲处、是人猜。

春雨消残冻，温风到冷灰。尊前一曲为谁哉。

留取终一拍、待君来。

元丰二年（1079）七月，凶神恶煞般的朝廷使者来到湖州"捉拿要犯"的时候，苏轼全家人都被吓得不知所措。虽然前几天已经收到苏辙送来的消息，可他们仍然无法接受一代名士转瞬间沦为阶下囚的变故。使者的蛮横态度加深了全家的不安，目击者云："顷刻之间，拉一太守，如驱犬鸡。"

面对哭泣不已的夫人和孩子，逐渐平静下来的苏轼笑着给

他们讲了一个故事:

宋真宗在位时,想要访求真正的大儒。有人向宋真宗推荐隐居在郑州的杨朴。宋真宗于是下诏,让杨朴出来做官。

杨朴实在不情愿出仕,但皇宫侍卫非要他到京城亲自向皇帝说明,于是杨朴就在侍卫的陪伴下启程前往京师。

在皇宫里,宋真宗问:"我听说你会作诗?"

杨朴回答道:"臣不会。"他想掩饰自己的才学,他是抵死不愿做官的。

宋真宗又问:"朋友们送你时,赠给你几首诗没有?"

杨朴回答道:"没有。只有拙荆(妻子)写了一首。"

宋真宗又问:"是什么诗,可以告诉我吗?"

于是杨朴把临行时妻子作的诗念了出来:

更休落魄耽酒杯,且莫猖狂爱吟诗。

今日捉将官里去,这回断送老头皮。

听完这个故事,苏夫人破涕为笑。这位夫人即苏轼的继配,是原配王弗的堂妹,名叫王闰之,在熙宁元年(1068)嫁给三十三岁的苏轼。王闰之并非名门闺秀,但和王弗一样贤惠柔顺。结婚之后,她陪伴苏轼"天涯流落"般宦游各地,从来没有怨言。直到这回苏轼得罪朝廷，不知将会受何等处罚，王闰之才忍不住跟孩子一起大哭起来。

这个故事本身并不能消除妻子心中的恐惧，但苏轼的镇静和泰然是一粒难得的定心丸。寒冷中的人，不得不互相取暖。妻子需要苏轼的宽慰，对妻子的思念也支撑着苏轼挨过在御史台和黄州最难熬的日子。

开头这首《南歌子》是元丰三年（1080）二月，苏轼刚到黄州时写的：自去年七月被捕，与妻子分别，年底获释，到今岁正月谪来黄州。这半年多来，爱妻闰之想来日日眉心紧蹙，未曾开颜。一日不见，如隔三秋，不是热恋，只因牵挂。半年，长似一生。寸心生恨，谁敢云短？绵绵无穷，岂易剪裁？明月清风是否能猜到她的心思呢？

"春雨消残冻，温风到冷灰"，实写二月的春景，暗映自己已度过命悬一线的极寒。春天终要到来，春风春雨终要在冰天雪地中涤荡出一片生机。

到黄州之后，东坡差不多全部放弃了政治上的抱负。他已经四十过半，力主"新法"的神宗年方三十三岁，正当壮年。已被贴上"旧党""攻讦新法"标签的东坡，看上去再无出头之日了。但苏轼之可爱与可贵就在于，即使面临令人绝望的穷途末路，他都能打起精神，把日子过得有滋有味。更奇的是，对待厄运，他不是漠视而是正视。如果说漠视厄运需要一份自欺欺人的坚强，那么正视厄运并从厄运中发掘乐趣，则需要一颗火热跳动的心脏。

面对将要来黄州与自己相聚的妻子，他没有华堂广厦，也备不起美酒佳肴，他拥有的只有一个戴罪之身。可他的接风礼一点都不寒碜：尊前之曲留一拍，且待君来，与君同奏。

三个月后，东坡的家眷才由苏辙护送来到黄州，当然其中不包括长子苏迈。苏轼被捕时，苏迈就随同入京，苏轼出狱后又随同前往黄州。至此，夫妻重聚，眉绿当开，樽前之曲也该续上最后一拍了。

大难来临，仿佛天崩地裂，苏轼成为天地间孤零零一只等待命运判决的"蚍蜉"。大难过后的家庭重聚，简直就像上苍的额外眷顾。其实，美满的家庭本来就是上苍的恩赐，只是平时太习以为常。不经历寒冷，怎懂得温暖？

这年七夕，与爱妻重逢不足两月的苏东坡又写了两首《菩萨蛮》。

其一：

　　画檐初挂弯弯月。孤光未满先忧缺。遥认玉帘钩。天孙梳洗楼。

　　佳人言语好。不愿求新巧。此恨固应知。愿人无别离。

其二：

> 风回仙驭云开扇。更阑月堕星河转。枕上梦魂惊。晓檐疏雨零。
>
> 相逢虽草草。长共天难老。终不羡人间。人间日似年。

对这对患难夫妻来说，湖州一别犹如隔世。狱里狱外就像两个世界，一头生死难测，要应对纷繁的指控，忐忑不安地等待判决，既担心被连累的亲友，也担心家人；另一头茶饭难进，却只能眼巴巴望着、等着，无能为力。两头都考虑过最坏的结果，却又都不敢认真想下去。

所以重逢之后才会更珍惜，七夕节本来就不是月圆夜，东坡却"先忧缺"起来。受过惊吓的人都会有这种想法，仿佛美景马上会无缘无故消失似的。月亮缺了，他们怕再也不会圆；花儿谢了，他们怕再也不会开。

王闰之不甚通文采，但东坡觉得她"不求新巧"的言语却是世间最好听的声音。浪漫不须吟诗作对，只要情挚意切，日常的问候远胜海誓山盟。默默地握手，那熟悉的温度是最深的幸福。

5. 乐而不淫，是为才子

减字木兰花（郑庄好客）

郑庄好客。容我尊前先堕帻。落笔生风。籍籍声名不负公。

高山白早。莹骨冰肤那解老。从此南徐。良夜清风月满湖。

乍一看，这词无甚奇特，其实它的秘密在每句的首字，连起来读：郑容落籍，高莹从良。郑容、高莹者谁？与苏轼素昧平生之歌伎也。落籍，除去娼妓名籍，恢复自由民身份。从良，娼妓出籍嫁人。苏轼作词是为两位幸运的女子庆贺吗？不然。

东坡自黄州去汝州途中，经过润州，润州太守许遵为他设宴接风。官伎郑容、高莹陪侍，甚得东坡之心。两人想要从良久矣，于是请东坡向太守说情。东坡点头答应了，但席上自始至终都没提这茬儿。二女心急如焚儿，临别时赶到东坡的船上再次恳求。这时，东坡拿出这首《减字木兰花》交给她们，说："你们拿我这首词去见太守，太守一见，便知其意。"果然，太守览词，莞尔一笑，便遂了两人落籍从良的愿望。

是为东坡与歌伎交往之一斑，从中可见歌伎为何都爱东坡。

若你只认为苏轼是豪放派的代表，那么在翻阅《苏轼词全集》时定然会大失所望。为什么这里总共也没几首"大江东去"，反而有大把大把的儿女情长、春秋闺怨？

没错，这才是苏词的真相。在《东坡乐府》的三百多篇中，直接题咏和间接涉及歌伎的词，多达一百八十多首。这当然遮盖不住苏轼开创豪放词的功劳，但暴露了苏轼生活的真实环境，让我们了解到苏轼一生并非一味慷慨激昂。我们也理应相信，只懂陈辩、斗争、分析的人生并非痛快滋润的人生。风花雪月中，有真谛和自由。

东坡与歌伎确有缘分，郑容、高莹的故事只是一例。东坡生命中第三位重要的女人——朝云，原来也是一位歌伎。才女琴操，听他一席话，竟出家为尼，千载之下，犹令人唏嘘。

东坡任杭州知府时，琴操是红极一时的歌伎。琴操曾为东坡抚琴一首，被东坡的好友佛印称为百年难得一闻。一天，东坡携琴操游西湖，在船上，两人参起禅来。

东坡曰："何谓湖中景？"

琴操答："秋水共长天一色，落霞与孤鹜齐飞。"

东坡又问："何谓景中人？"

琴操答："裙拖六幅湘江水，髻挽巫山一段云。"

东坡再问："何谓人中意？"

琴操答："随他杨学士，鳖杀鲍参军。"

东坡还问："如此究竟如何？"琴操不答。

东坡曰："门前冷落车马稀，老大嫁作商人妇。"

东坡本拟劝琴操及早从良，不要重复白居易笔下琵琶女的悲剧，不料说者有心，听者更有心。琴操默然良久，答曰："谢学士，醒黄粱，世事升沉梦一场。奴也不愿苦从良，奴也不愿乐从良，从今念佛往西方。"此后琴操削去长发，在玲珑山别院修行起来。

可怜琴操伴青灯古佛没几年，便听说东坡被贬海南，思念忧惧之下，玉陨香消、郁郁而终。琴操辞世时，正青春二十四岁。东坡闻之大恸，面壁而泣。

后来，东坡来到玲珑山琴操修行处，重葬了这位红颜知己，并自写了一方墓碑。琴操墓到南宋时，已淹没在荒草之中。民国时期，诗人郁达夫前来寻访，又只剩下"一坡荒土，一块粗碑"，上面刻着"琴操墓"三个大字。郁达夫所见的墓碑，已非东坡所书，而是明人重修的碑碣。

诗人与歌伎之间，更多的是逢场作戏。这种人情常态却并非每个人都能理解，大儒朱熹就对女人的诱惑格外恐惧。爱国名臣胡铨十年放逐，遇赦归来后写了两行诗："君恩许归此一醉，傍有梨颊生微涡。"朱熹得知后，"诚心诚意"地写了一首"劝诫诗"：

> 十年江海一身轻，归对梨涡却有情。
>
> 世路无知人欲险，几人到此误平生。

一丁点儿的人欲，竟引来如此郑重的"劝诫"，朱熹若与东坡生在同时，肯定会招来后者辛辣的讽刺和嘲谑。朱熹的前辈程颐、程颢就多次领教过东坡的舌箭。与"存天理，灭人欲"的理学家相反，东坡对歌伎酒筵这类事物向来是来者不拒。若遇歌伎求诗，东坡便毫不迟疑地在来者的披肩或扇子上挥毫泼墨。

东坡与歌伎交往频繁，却从来没传出过什么风流韵事，在诗词中写到歌伎也是"乐而不淫"，更不曾像黄庭坚那样写露骨的艳诗。他只是坦然随和地与她们开玩笑、畅饮和吟诗听曲。

东坡会赞美她们的色艺："皓齿发清歌，春愁入翠蛾"；他会在离去之后思念她们："想伊归去后，应似我情怀"；他也会同情她们的处境："主人瞋小，欲向东风先醉倒"。东坡从不将女人看作玩物或附属，他以文人的敏锐之眼捕捉、记录这些女子的真情实态，赞美她们的才智和情操。

情多而不乱，见美而不淫，东坡就是这样的男子。世人通过东坡，可以发现有那么多"风尘"中的女子，在人们看不到的角落里倔强地美丽着。这是东坡对他们的礼赞，也是给世界的礼物。

6. 唯有朝云能识我

殢人娇·赠朝云（白发苍颜）

白发苍颜，正是维摩境界。空方丈、散花何碍。
朱唇箸点，更髻鬟生彩。这些个，千生万生只在。

好事心肠，著人心态。闲窗下、敛云凝黛。明
朝端午，待学纫兰为佩。寻一首好诗，要书裙带。

有才子处，若无佳人，就像烛光失去红酒，亭槛远离水
畔，虽亦有风采，但终究少了摇曳波光的增色和陪伴。

苏东坡一生，对歌伎酒筵的喜爱从未稍减。东坡对此也
从不讳言，他在词中说："回首长安佳丽地。三十年前，我
是风流帅。为向青楼寻旧事，花枝缺处余名字。"俨然有柳
永"忍把浮名，换了浅斟低唱"的疏狂、风流。

但东坡毕竟不是柳永，东坡流连于酒筵歌舞，欢喜与年轻的女郎谈笑交际，但他从未迷醉在花街柳巷，甚至没有迷恋上哪个歌伎。在这方面，东坡要比与他同时的晏几道清醒得多。

晏几道孤高自负，不与权贵交往，即使东坡这样的人物想要见他也不容易，但他又是一位"人百负之而不恨，已信人，终不疑其欺己"的痴人。一卷《小山词》，二百余首，所摹所状只有他与友人沈廉叔、陈君龙家的莲、鸿、蘋、云四位歌女的悲欢离合。

四位歌女流转人间，晏几道明知不能与她们聚合，仍然一往情深、苦苦生恋。他从未表现过拥有之后的满足，因为他从未拥有。过往的温馨美好和现实的苦闷相思，就像两面相对而立的镜子，永不停止地互相映射，直到狭小的空间里叠起无尽的幻影。就像那首为小蘋而作的《临江仙》：

梦后楼台高锁，酒醒帘幕低垂。去年春恨却来时，落花人独立，微雨燕双飞。

记得小蘋初见，两重心字罗衣。琵琶弦上说相思，当时明月在，曾照彩云归。

在小晏二百六十首词作中，有五十二首、五十九句带有

"梦"字，他在《小山词自序》中说："篇中所记悲欢离合之事，如幻如电，如昨梦前尘，但能掩卷怃然，感光阴之易逝，叹境缘之无实也。"寻梦寻得久了，他或许已渐渐混淆了梦境和现实。

像东坡这样的倜傥学士，可以想象，他到处都会有女人缘的。但东坡与女人的相处，不是"闲拈针线伴伊坐"，那是柳永的专属；也不是"夜雨一帘幽梦，春风十里柔情"，那是秦观的幽情。东坡常写的句子是："美人怜我老，玉手簪黄菊。强染霜髭扶翠袖，莫道狂夫不解狂，狂夫老更狂。"

美人在这里是一种点缀，而不是主角，但也不可或缺。就像剑穗之于宝剑，虽无益于杀伐，却可为勇士增添风流。不过的确有三个女人先后是东坡生命中的主角：原配王弗，继配王闰之，侍妾王朝云。

朝云自幼生活在歌舞班中，东坡第一次任职杭州时把她收为侍女，在黄州纳为妾。在东坡的几个女人中，朝云最知心达意。一次，苏东坡退朝回家，饭后在庭院中散步，突然指着自己的腹部问身边的侍妾："你们有谁知道我这里面有些什么？"一侍女答道："您腹中都是文章。"苏东坡不以为然。另一侍女说："满腹都是见识。"苏东坡也摇摇头，到了王朝云，她微笑道："大学士一肚皮的不合时宜。"苏东坡闻言，捧腹大笑，赞道："知我者，唯有朝云也。"

朝云曾为东坡生下一子，但不幸夭折。东坡南迁惠州时，继配夫人王闰之已去世，家里的几个侍妾也相继辞去，只有朝云与他相伴。惠州这座偏远的小城，注定要准备容纳他们的故事。

"朝云"一名是东坡所取，源自宋玉《高唐赋》中"朝为行云，暮为行雨"巫山神女。但朝云与东坡留给后人的记忆，却与此丝毫无涉。

朝云信佛，东坡把她比作"天女维摩"。佛经中有一个故事：在释迦牟尼与门人讨论学问时，空中出现一位天女，将鲜花撒落在众人身上。众菩萨身上的花都落在地面，只有舍利弗身上的花瓣不落下来，用神力也不能拂去。众人诧异万分，天女说："结习未尽，固花着身；结习尽者，花不着身。"舍利弗于是愈发努力修行。

朝云抛却长袖的舞衫，专心礼佛，与东坡一起炼制丹药。东坡在一首诗里说，一旦仙丹练就，朝云将与他一起辞别人世，去遨游仙山，不会再如巫山神女一样受尘缘羁绊。他甚至信誓旦旦地写道："佳人相见一千年。"

东坡在惠州建了一所房子，他管它叫"白鹤居"，后人却一致地称之为"朝云堂"。其实朝云并未住过这座房子，房子还未竣工，朝云就得了一种瘟疫，竟至身亡。她在闭眼之前，握着东坡的手，念出《金刚经》上的偈语：

> 一切有为法，如梦幻泡影，
>
> 如露亦如电，应作如是观。

从此以后，苏东坡的生命中没有再出现与他亲密的女人，直到老死。当后人怀念朝云时，会想起惠州西湖六如亭的亭柱上，出自东坡之手的那副楹联：

> 不合时宜，惟有朝云能识我；
>
> 独弹古调，每逢暮雨倍思卿。

壮年力盛时，东坡为和奉守清规戒律的禅师开玩笑，曾把一位歌伎带入佛门净地。那时的他应该不会料到，会有一位走进他内心的女子，又与他一起走进佛门。当她走进来，他感到世界的圆满。当她先一步走出去，他悟到空才是世界的本质。

第二章

苏子呼朋醉

苏轼不怕忙、不怕闲，最怕闷。
潮来潮去，人聚人散，都有定数，有情、
无情只是诗人的妄念。

1. 故人不见，旧曲重闻

行香子·丹阳寄述古

携手江村，梅雪飘裙。情何限、处处销魂。故人不见，旧曲重闻。向望湖楼，孤山寺，涌金门。

寻常行处，题诗千首，绣罗衫、与拂红尘。别来相忆，知是何人？有湖中月，江边柳，陇头云。

苏轼是一个无友不欢的人，天性喜欢热闹，不喜欢冷清，任何一个人都可以成为他的朋友。他对子由讲："我上可陪玉皇大帝，下可以陪卑田院乞儿，眼前见天下无一个不是好人。"晚年被贬到海南岛上，他仍然旧习不改，到处找当地人聊天。庄稼汉在大学士面前无话敢说，苏轼就让他们讲鬼故事。若一天没有客人造访，他就浑身不舒服。

种善因者，必得善果。不管到哪里，苏轼的身边总是不乏可爱又可敬的朋友，即使不在身边，他也要用诗词、信笺把朋友拉到身边。翻开苏轼的诗词集，会发现大量的"赠某某""怀某某""别某某""寄某某"……每一个友人的名字都是上天赠予的礼物。

熙宁六年（1073）十一月，苏轼以杭州通判的身份奉命前往常州、润州、苏州、秀州一带赈灾，次年正月经过丹阳时（今属江苏镇江市），怀念在杭州的陈襄，有感而作开头这首《行香子·丹阳寄述古》。

"述古"是苏轼友人陈襄的字，陈襄时任杭州知州，与苏轼是同僚兼诗友。两人过从甚密，多有诗词往还。苏轼在杭州通判任上时所作诗词中提到的"太守"多是指陈襄。在日后的送别词《诉衷情》中，苏轼曾夸赞陈襄的诗才："钱塘风景古来奇，太守例能诗。"

当你思念一个人的时候，你常常会想，他此刻是否也在思念自己？如果是，那么他会如何思念自己？唐天宝年间，困居长安的杜甫，看到月亮，思念身在鄜州的妻儿，写下了这样的诗句："今夜鄜州月，闺中只独看。遥怜小儿女，未解忆长安。"他不写自己的思念之心，而写被人思念的情景，却更显得悲婉微至，精丽绝伦。

这种"心已驰神到彼，诗从对面飞来"的写法被称为"借人映己"，苏轼这阕《行香子》同样是妙用这一手法的佳作。

正月，春天待来，冬天未去。这几天阳光明媚，但寒风依旧砭人肌骨。苏轼不怕忙、不怕闲，最怕闷，终于还是决定一个人出去兜兜圈子。他走到驿馆附近的园中，满眼枯枝寥落，不见一丝春意。但有一丛寒梅跃进眼帘，花瓣正如雪片般徐徐飘落，地上的"梅雪"几乎遮掩了崎岖小径。

太守陈述古前几日曾寄诗苏轼。其中有两句是这样写的："犹忆去年离别处，鸟啼花落客沾衣。"又见花落，不见故人，述古此时是否也在踏春呢？外出踏春的述古，有谁相伴呢？也许会携手歌伎吧。携手歌伎的述古，是否也会遇到梅花飘雪？苏轼眼前渐渐浮现出清晰的场景：今日陈襄也在外出探梅访春，梅雪飘然洒落在同行歌伎的衣裙上……

杭州的景色仍旧像记忆中那样迷人。置身其中的陈太守有佳人相伴、美景可餐，却一点都打不起精神。试问世间何物最销魂？南朝江淹曾一语道尽："黯然销魂者，唯别而已

43

矣。"离别最销魂，古今一般同。

陈太守忽闻湖边楼上有唱曲的，细辨其声，不正是苏子瞻的佳作吗？旧曲重闻，故人不见，令人好生伤感。想当年，不，其实苏轼外出赈灾也没有多久，不过两三个月而已。可为什么却觉得已有那么久了呢？是因为"一日不见，如隔三秋"的道理吧。想当年，与苏轼在望湖楼（望湖楼一名"看经楼"）读经斗法、望湖赏月；在孤山寺寻访旧迹、与和尚攀谈；在涌金门登高远眺、极目云天，真是何其痛快！

陈襄与苏轼外出游玩时，常常诗词酬唱，高兴了还会随笔题写在石上、壁上。苏轼记得，写过这样一首诗给述古：

> 草长江南莺乱飞，年来事事与心违。
>
> 花开后院还空落，燕入华堂怪未归。
>
> 世上功名何日是，樽前点检几人非。
>
> 去年柳絮飞时节，记得金笼放雪衣。

陈襄回应的和诗是：

> 春阴漠漠燕飞飞，可惜春光与子违。

半岭烟霞红旆入，满湖风月画船归。

缒笔一阕人何在？辽鹤重来事已非。

犹忆去年题别处，鸟啼花落客沾衣。

"可惜春光与子违"，一句话竟然要生效这么多次，真是残忍。携妓出游的陈述古，大概还会路过两人题写过诗词的地方吧。陈襄看到的，会是什么样的景象？当时一同题写的诗词，是否还是原样？会不会重演"碧纱笼"的典故？

前人吴处厚在《青箱杂记》中记过一则逸事：真宗朝名臣寇准曾经与隐士魏野同游一所寺院，两人都题写了诗文在寺院墙壁上。后来，两人又一起来游玩，到了题诗之处，只见寇准的诗早已被"碧纱笼"罩护了起来，完好无损，而魏野的诗却裸露在外，沾满了灰尘。世人势利，令人唏嘘，寇准与魏野两人相视无语。恰在此时，只见一名同行的官伎走上前去，用衣袖将魏野题诗上的灰尘轻轻拂去。尴尬顿时解开，真是一个聪慧伶俐的女子。魏野于是吟诗一联："若得常将红袖拂，也应胜著碧纱笼。"寇准大笑。

苏轼猜测，杭州各寺的僧人是否也会势利地将太守和通判的题诗区别对待？若陈太守遇到此景，他身边那名歌伎是否会上前将自己的诗拂拭干净？

苏轼开始盘算，在那杭州"好湖山"里，都有谁会思念自己呢？肯定有"湖中月""江边柳"和"陇头云"。月犹如此，柳犹如此，云犹如此，陈太守也不会例外吧。

"海内存知己，天涯若比邻"，这句话也可以反着说：海内存知己，比邻若天涯。"一日不见，如隔三秋"的可不只是恋人。布莱克说："鸟儿有巢，蜘蛛有网，人类有友谊。"真正的朋友，是孕育在不同躯体里的同一个灵魂，所以分离片刻就会互相思念。

2. 亦师亦友老仙翁

西江月·平山堂（三过平山堂下）

三过平山堂下，半生弹指声中。十年不见老仙翁，壁上龙蛇飞动。

欲吊文章太守，仍歌杨柳春风。休言万事转头空，未转头时皆梦。

平山堂在扬州城西北大明寺侧，庆历八年（1048）欧阳修任扬州知州时所建，叶梦得称赞此堂"壮丽为淮南第一"。由于所在地势甚高，江南诸山拱列檐下，历历在目，似与堂平，所以名为"平山"。这名字霸气外露，泄露了一代文坛盟主欧阳修的豪情。

平山堂虽雄奇，但和中国古代所有土木建筑一样，禁不起风雨侵蚀，在后世屡修屡废。到了清初王士祯笔下，只剩下了"一抔土"，"无片石可语"。然而从此地经过的文人墨客无不吟咏缅怀，其奥秘就在于"以欧苏之词，遂令地重"。

中国古代的文人很少以纯粹的自然景观入诗，一般来讲，景致、典故、诗词是三位一体的。胜地激起诗人的诗兴，名家名诗又成就了一个个地名。要读懂东坡笔下的平山堂，得先认识欧阳修眼里的平山堂：

朝中措·平山堂

平山栏槛倚晴空，山色有无中。手种堂前垂柳，别来几度春风？

文章太守，挥毫万字，一饮千钟。行乐直须年少，尊前看取衰翁。

宋仁宗嘉祐元年（1056），与欧阳修过从甚密的刘原父出守扬州，欧公作《朝中措》，一为送行友人，二为追忆自己在扬州的激情岁月。一别淮扬数年，醉翁最念是平山堂前亲手种的垂柳。"几度春风"写深惋离情，但哀而不伤，反而给人以欣欣向荣、器宇轩昂之感。

"文章太守"经常被后人误解为是欧阳修自状，其实他写的是刘原父。史称刘原父才思敏捷，有一次，一口气连拟九道诏书，且是倚马而成。刘原父还十分博学，欧阳修读书每有疑问便去信请教，原父得信后往往即刻挥笔作答，"答之不停手"，故云"挥毫万字"。与醉翁作友，"一饮千钟"想来亦是常情。欧阳修赞友人为"文章太守"，却自谦为"尊前衰翁"。

但怪不得后人误会，"文章太守，挥毫万字，一饮千钟"与欧公的形象也并无半点不合。东坡这首《西江月》中的"文章太守"指的就是欧阳修，东坡记忆中恩师的模样一直是神采奕奕的"老仙翁"。

东坡"三过平山堂"，这第三次是在宋神宗元丰二年（1079）四月自徐州移知湖中，途径扬州。每一次路过扬州，东坡都会来平山堂凭吊恩师，之前两次分别是熙宁四年（1071）出任杭州通判、熙宁七年由杭州移知密州，分别经过扬州。

第三次经过平山堂，东坡已四十四岁了，怅然回首，弹指声中半生倏忽而过。自己与恩师分别已有近十年了。斯人已逝，字迹犹存，平山堂壁上龙蛇飞舞的遗草，字字句句挥洒着老仙翁的风采。

东坡记得，最后一次师生相见是在熙宁四年，那年他绕道颍州去看望业已致仕的欧公。一位仙风道骨的文坛盟主和一位风头正盛的后起之秀，在颍州西湖设宴畅饮。欧阳修自称"醉翁"，但酒量不佳，"饮少辄醉"。东坡性爱美酒，但亦不善饮，不过他美其名曰"我性不饮只解醉，正如春风弄群卉"。同样爱酒而不善饮的师徒二人，宴饮之乐不在酒，而在酒后的壮怀激烈、豪气干云。东坡有诗《陪欧阳公燕西湖》记一时盛景：

> 谓公方壮须似雪，谓公已老光浮颊。
>
> 竭来湖上饮美酒，醉后剧谈犹激烈。

谁料此次竟成永别，次年欧公就驾鹤西游了。闻听噩耗，东坡含泪写下祭文："上为天下恸，恸赤子无所仰庇；下以哭其私，虽不肖而承师教。"

苏轼当年参加科考，欧阳修是主考官。参与阅卷的梅尧臣推荐来一篇晓畅通达的古文风格试卷，让欧阳修取为第一。欧阳修看到文章一见倾心，但怀疑这份试卷出自门生曾巩之手，害怕惹来闲话，于是委屈它做了第二名。后来才知道这是苏轼的作品。苏轼及第后，便拜入欧公门下，从此结下师生之谊。

在众多门生中，苏轼最得恩师之心。欧阳修曾对梅尧臣说："读轼书，不觉汗出，快哉快哉！老夫当避路，放他出一头地也，可喜可喜！"在他眼里，苏轼就是下一代文坛盟主无疑，并预言三十年后世人将不再谈论自己。面对可畏后生，欧公非但没有动任何嫉贤、恋栈之意，反而公开赞赏，主动"放他出一头地"。

因为欧公关心的不是个人名望，而是文统、道统的传续，他对苏轼的欣赏也不只是文才，更包括人品、气度、志向。他曾对苏轼说："我老将休，付子斯文。"外人看来，他们师生传接的是至高的荣誉，只有他们知道，荣誉背后是沉甸甸的道义担当。苏轼记着欧公的谆谆教诲："我所谓文，必与道俱。见利思迁，则非我徒。"

欧公一生倡导士人的担当精神，原本"论卑气弱"的时代风气，自欧阳修一出，焕然而变，读书人纷纷"以通经学古为高，以救时行道为贤，以犯颜纳说为忠"。然而由于直言敢谏，欧公屡遭贬谪，直至释位而去，归隐泉林。

东坡乍言"欲吊文章太守"，话到嘴边却吞了下去，转口歌唱"杨柳清风"。因为他知道，"文章太守"的文与道都交付了自己，唯有暗自守持，吊之无益，倒不如歌些"杨柳春风"与恩师解闷。

白乐天《自咏》诗说得轻巧："百年随手过，万事转头空。"但"转头"是那么轻松的事吗？或尘缘未了，或慧根不净，"未转头"的都是梦中人。明知是梦，也不得不尽力把这梦做下去。"休言万事转头空，未转头时皆梦"，这不是消极避世，而是参透之后的执着选择。

黄宗羲说，科举制兴起后，师道就亡了。每次科考，都能批量产生一堆恩师和门生的关系。的确，许多"师生"关系徒有其名，实质上不过是一种应酬的对象和攀缘的途径罢了。苏轼与欧阳修虽也由科举成就，但性质却截然不同。他们不仅是传道、授业、解惑，更是相知、默契的友人。奖掖和推崇不难，难的是被奖掖得名副其实，被推崇得不负人望。

3. 竹溪花浦曾同醉

虞美人（波声拍枕长淮晓）

波声拍枕长淮晓，隙月窥人小。无情汴水自东流，只载一船离恨、别西州。

竹溪花浦曾同醉，酒味多于泪。谁教风鉴在尘埃？酝造一场烦恼、送人来！

元丰七年（1084）十一月，东坡到高邮与秦观相见，秦观一直把他送过淮河才依依作别。秦少游有词："此情若是久长时，又岂在朝朝暮暮。"但相见急、别离久，谁又能轻易割舍，等待下一次相会？

东坡与少游，是宗师与门生，是诗友也是知己，少游还是传说中的苏小妹的情郎。"苏门四学士"中，东坡最得意的便是这位"有屈、宋之才"的秦少游。

秦观乃"古之伤心人",写的词都像在泪水中浸泡过一样,揪心的愁恨从心底源源不断地流出:"便做春江多少泪,流不尽,许多愁"。东坡或许受其感染,这阕《虞美人》也凄恻婉转得令人心碎。

苏轼的成名,得益于文坛前辈欧阳修的提携,若无醉翁,东坡或许还要多等几年才能被流俗"发现"。自古而今,文脉不绝的秘密就在于薪火相传,庄子说:"指穷于为薪,火传也,不知其尽也。"苏轼一登上文坛盟主的位子,便将自己曾得过的礼遇施于后进。

众星拱月乃天然之理,孔夫子有七十二贤人,耶稣有十二门徒,释迦牟尼有十大弟子,苏轼也有"苏门四学士":黄庭坚、秦观、晁补之和张耒。四人日后都名满天下,黄庭坚还开创了江西诗派,得与苏轼齐名,并称"苏黄"。但他们在人微名贱时,却是苏轼慧眼识珠,将他们从无名之辈中拣选出来。苏轼自己说,四学士"皆世未之知,而轼独先知"。

晁补之最早拜入苏门。补之知苏轼之名,读苏轼之书时,年仅十五岁。十七岁时,晁补之随父亲晁端友赴任杭州新城令,持记述钱塘风物的《七述》一文,拜谒时任杭州通判的苏轼,苏轼赞道:"吾可以搁笔矣。"晁补之曾为苏轼

"不谐音律"的新词辩护，称其"横放杰出，自是曲子中缚不住者"。

苏轼早在杭州任上时就见过黄庭坚的诗文，并击节赞赏。六年后，黄庭坚投寄书信和赠诗给苏轼。再九年后，两人才终于见到第一面。此前的十五年里，两人相知相慕、心神两契，诗词唱和多达百篇。后人观此方知，以文会友并非虚言。

张耒因苏辙结识东坡，拜入师门后终身秉持苏轼的文章之道。苏轼、苏辙兄弟和其他苏门学士相继亡故后，张耒独守师道，惨淡坚持。南宋高宗即位后，给苏轼等人平反，赠张耒集英殿修撰，诰词说："四人以文采风流为一时冠，学者欣慕之及继述之。"

最具传奇色彩的，还是苏轼与秦观的结缘。

两人未相识时，秦观得知苏轼将经过扬州，于是模仿苏轼的笔迹和文风在一山寺中题诗。苏轼来了之后，大吃一惊，竟然辨不出和自己的"真迹"有何区别。后来见到孙莘老，后者拿出秦观的数十篇诗词向苏轼推荐，苏轼读过之后才恍然大悟，意识到之前那个题字的"多事少年"是秦观。

秦观少年豪俊，壮志凌云，攻读兵书，一心想征战沙场，自信满满地认为"功誉可立致，而天下无难事"。一个才智高蹈，一个年少风流，苏、秦交游自然留下不少佳话。

秦观填词总是暗中与柳永一较高下。一次秦观入京见苏轼，苏轼批评他："不意别后，你却学柳永作词。"秦辩称："我虽无识，也不至于如此。"苏轼只好念出秦观新词中"销魂当此际"一句，秦观方默然不答。

后人则附会了更多的典故，如苏小妹的故事。苏轼并无妹妹，冯梦龙却在《三言二拍》中有鼻子有眼地"记载"了《苏小妹三难新郎》的故事，说苏小妹"比文招亲"，秦少游过关斩将……

然而事实却是艰难而苦涩的。"竹溪花浦曾同醉"当然是有的，"人人尽道断肠初，那堪肠已无"却是秦观更深的感触。秦观三十七岁才中进士，四十三岁才谋得秘书省正字一职。与苏轼的交往并未给秦观带来多少好运，反而被苏轼连累。苏轼被流放岭南时，秦观即被当作"余官之首"遭受迫害。

秦观有苏轼的风流，无苏轼的达观，遭贬后满纸都是"乡梦断，旅魂孤""天涯旧恨，独自凄凉人不问""飘零疏酒盏，离别宽衣带"。绝望消沉之际，还自作挽词，为即将结束的生命提前哀悼。

苏轼到雷州半岛时，遇到了已先贬至此的秦观。秦观告诉苏轼其他三位苏门学士的下落："起初，朝廷起复张耒为黄州判官，今又移知兖州；晁补之本为信州监酒税，今又迁为史部郎中兼国史院编修；黄庭坚不赴鄂州监税，畅游眉山去了。"昔日的雅集盛会，而今已被雨打风吹散。苏轼感叹："我今已老矣，不知能否与他们相见。"

不幸中的万幸，苏轼与秦观在天涯尽头还相见一场。那天晚上，大雨滂沱，苏轼作《雨夜宿净行院》："芒鞋不踏利名场，一叶轻舟寄渺茫。林下对床听夜雨，静无灯火照凄凉。"

苏轼得知秦观自作挽词时已有不祥预感，却没有料到最后的凄凉竟来得如此急迫。元符三年（1100）哲宗驾崩，迁臣多被召回，苏轼和秦观都在列。当年五月秦观行至滕州，出游光华亭，索水欲饮，水至，笑视而卒。这位命运多舛的才子，在生命的最后一刻终于看破了生死大限。

苏东坡听闻秦观死讯，"两日为之食不下"，叹云："少游已矣，虽万人何赎！"他自会想到"竹溪花浦曾同醉"，也应记起"静无灯火照凄凉"。朋友就像上天随意撒下的礼物，你不知道何时会被派来，也不知道何时会被收去。当朋友到来时，你满心欢喜；当他离去时，你怅然若失；当他一去万里、不复返回时，你无可奈何。

4. 诗人相得古来稀

八声甘州·寄参寥子（有情风万里卷潮来）

有情风万里卷潮来，无情送潮归。问钱塘江上，西兴浦口，几度斜晖？不用思量今古，俯仰昔人非。谁似东坡老，白首忘机。

记取西湖西畔，正春山好处，空翠烟霏。算诗人相得，如我与君稀。约他年、东还海道，愿谢公雅志莫相违。西州路，不应回首，为我沾衣。

参寥即僧道潜，是苏轼同时代的一位著名诗僧。诗僧，顾名思义，即能写诗的僧人。根据唐人刘禹锡的观察，诗僧多出于人杰地灵的江东地区，参寥也不例外，他的家乡在于潜，今天的浙江境内。诗僧之诗与俗士之诗有所不同，正如白居易《题道宗上人十韵诗序》所说："文为人作，为法作，为方便智作，为解脱性作，不为诗而作也。"

东坡在徐州任上与参寥相识，两人一见如故，结为莫逆之交。参寥以精深的道义和清新的文笔为东坡所推崇，东坡称之为"新诗如玉屑，出语便清警"。东坡贬谪黄州，参寥不远千里赶去，在他贫寒的家中住了一年光景。东坡离开黄州时，参寥与他同行，两人结伴去游庐山。在这次游庐山期间，或许是与参寥辩论佛法时受了启发，东坡作了那首颇富禅理的《题西林壁》：

横看成岭侧成峰，远近高低各不同。

不识庐山真面目，只缘身在此山中。

与东坡相比，参寥是真正的闲云野鹤，他在朋友危难时赶来相伴，在朋友度过艰难、否极泰来后遁迹山林。之后两人依旧诗书往还不断，但参寥却没有再与东坡长期相处。

离开黄州后，东坡本打算寻一处江山静好之地安享晚年，所谓"十年归梦寄西风，此去真为田舍翁"。但命运偏不遂人愿，强行将一只脚已踏进田舍的东坡安排进一条官场的"顺风快船"。

神宗皇帝驾崩，小皇帝继位后由太皇太后高氏垂帘听政。高太后一向反对新法，主政后全力摈斥新党，起用保守派大臣司马光、吕公著、文彦博等人，"以复祖宗法度为先务，尽行仁宗之政"。东坡被这股东风吹着扶摇而上，一年之间擢升三次，最后做了四品中书舍人，负责替皇帝草拟诏书。

这等如意事是该弹冠相庆的，但却不合东坡的心愿。在一首诗里，他得了便宜卖乖似的写道："岂意残年踏朝市，有如疲马畏陵坡。"山坡是马儿的赛道，但东坡这匹马却对旧赛道心生倦意。他想要换一个不需要比赛的地方，悠然来往，没人羡慕也没人嫉恨。面对不得不回归的官场，东坡在给米芾的信里说："衰病之余，乃始入闹，忧畏而已。"

东坡也许早就料到，自己不能在青烟缭绕的朝堂里撑持太久。因为在京都，繁华富贵背后的真实逻辑其实是钩心斗角，而这正是东坡最不擅长的。果然，未过几年，不期然成为"蜀党"领袖的东坡不堪党派交攻，于是自请外放，再次来到杭州。

东坡相信他前生曾居住在杭州。有个故事，说某天东坡去游寿星院，一进门觉得所见景物像梦中一样熟悉，他告诉同游者走九十二级便到向忏堂，结果证明他说对了。他还把寺院后面的建筑、庭院、树木、山石，向同行人一一描述。

当他任满又一次告别杭州时，依依之情自然满怀。而这一次，还多了一个理由让他难启离程——参寥子。东坡在杭州的这几年，参寥子恰在这里。这首《八声甘州·寄参寥子》便作于此时。

"有情风万里卷潮来，无情送潮归。"潮来潮去，人聚人散，都有定数，有情、无情只是诗人的妄念。但诗人相得乃世间稀事，东坡对僧友谈妄念也情有可原了。

民国作家里，鲁迅和林语堂都是后人敬慕的人物，林语堂还写过一本有名的《苏东坡传》。有一次别人请客，鲁迅和林语堂都在场。事后鲁迅在日记中记了一条："席将终，林语堂语含讥刺，直斥之，彼亦争持，鄙相毕露。"林语堂也有日记："八月底与鲁迅对骂，颇有趣，此人已成神经病。"一件鸡毛小事，打碎了两个完美形象。

"不惜歌者苦，但伤知音稀。"文人相轻自古便有。其缘由古人早已说过：一由相尚殊，一由相习久，一由相越远，一由相形切。正因为相轻是常态，所以相得、相友便是值得浓墨重笔来书写的。也就可以理解，为什么李白、杜甫的交谊让闻一多如此激动：

我们该当品三通画角，发三通擂鼓，然后提出笔来蘸饱了金墨，大书而特书。因为我们四千年的历史

里，除了孔子见老子（假如他们是见过面的）没有比
这两人的会面，更重大，更神圣，更可纪念的。

东坡与参寥子，不需要这样夸张的声势和拔高的意义。
他们的交往甚至没想到会被后人记住，默契与得意都在轻薄
的书简中悄悄传递，只有极少数典故流传下来，给后人作想
象的酵母。

其中一则，是苏轼在自己的笔记《东坡志林》中记录
的：东坡晚上做了一个梦，梦到参寥携一卷轴来访。卷轴上
有一首诗，其中两句云："寒食清明都过了，石泉槐火一时
新。"东坡纳闷，清明改火是习俗，但泉为什么也是新的？
参寥答：在清明节淘井也是习俗。醒来之后，东坡想，当续
成其诗，以记其事。

这种事有什么可记的呢，无非是一个闲梦，两句闲话，
再搭上两个闲人。而且这两句参寥在东坡梦中作的诗，算来
还应该是东坡作的。但东坡提笔记下这个梦的时候，肯定想
到了他第一次读到的参寥的诗句：

风蒲猎猎弄轻柔，欲立蜻蜓不自由。
五月临平山下路，藕花无数满汀洲。

那"与林逋上下"的清绝和天然流露的自由野性，像一滴清露压弯新叶一样，打动了东坡，也为后来的梦种下前因。

第三章

悲欢共手足

苏轼与苏辙，手足兼知音，向来是文坛佳话。两人一起长大，同戏同学，不论登山临水还是舞文弄墨，未尝一日相舍。出仕后，悲欢离合之事日多，但"手足之爱，平生一人"从未改变。

1. 二陆初来俱少年

沁园春（孤馆灯青）

孤馆灯青，野店鸡号，旅枕梦残。渐月华收练，晨霜耿耿；云山摛锦，朝露漙漙。世路无穷，劳生有限，似此区区长鲜欢。微吟罢，凭征鞍无语，往事千端。

当时共客长安，似二陆初来俱少年。有笔头千字，胸中万卷；致君尧舜，此事何难？用舍由时，行藏在我，袖手何妨闲处看。身长健，但优游卒岁，且斗尊前。

那年还是仁宗皇帝在位，苏轼与苏辙兄弟俩同登进士第，一时名震京都。当时苏轼二十二岁，苏辙十九岁。"春风得意马蹄疾，一日看尽长安花。"苏家二子双双中了进士而且名列前茅，有人问其父苏洵，考进士难不难，苏洵写了一首打油诗：

> 莫道登科易，老夫如登山。
> 莫道登科难，小儿如拾芥。

苏洵多次应举不中，科考一直是他心中的一个死结。父亲心中的块垒，终于被二子登科的喜讯冲化。苏轼还记得，父亲到处去喝酒，一遍又一遍地跟人讲两个孩子名字的含义：

"'轼'是车子前的扶手，虽然没有实际用处，但离开'轼'就不是一个完整的车了。大儿子才华横溢，狂放不羁，不拘小节，但过于外露，太不懂得掩饰自己，就像没有'轼'的车一样，会让人感到唐突压迫。取名为'轼'，就是让他学会保护自己；'辙'是行车时在地上留下的车轮痕迹。小儿子沉静内敛，就像车辙一样。车辙有其可怜之处，天下所有的车都是通过车辙前行的，但人们论功的时候，不会想到车辙。不过如果车子翻了，车辙也不会受影响。不居动，亦无倾覆之患。这是对小儿子的勉励。"

当时就有人把苏轼、苏辙兄弟和西晋的"二陆"相比。

"二陆"，是指西晋的陆机、陆云，他们出身名门，祖父是吴国名将陆逊，父亲陆抗曾任东吴大司马，领兵与魏国羊祜对抗。陆机二十岁时，吴国被江北的晋吞并。吴国亡后，陆机、陆云隐退故里，十年闭门勤学。晋武帝太康十年（289），陆机和陆云来到京城洛阳，拜访时任太常的著名学者张华，张华与他们交谈之后大为赞赏，说了一句话："伐吴之役，利获二俊。"似乎晋国伐吴最大的战利品就是这两个青年才俊。这句话使"二陆"名气大振，便有了"二陆入洛，三张减价"之说（"三张"指当时的知名学者张载、张协和张亢）。

栖身开封的苏轼、苏辙，风光丝毫不输当年在洛阳的陆机、陆云。苏轼甚至信誓旦旦地表示过，"二苏"的成就一定要超过"二陆"。胸中藏有万卷诗书，下笔可就千字之文，"致君尧舜"何难之有？私下里苏轼曾对苏辙说："吾视今世学者，独子可与我上下耳。"分明不将世人放在眼里。

历史上"兄弟阋于墙"甚至同室操戈的例子并不少见，若非如此，古人也不会用永远见不了面的参和商两个星宿比喻兄弟失和。兄弟间即使关系和睦，也往往各有所好，以致最广为流传的"手足之情"竟都是刘、关、张之类的异姓结义。所以苏轼、苏辙这样的手足兼知音，殊为难得。

黄庭坚称他们是："二苏上连璧，三孔立分鼎。"两人一起长大，同戏同学，不论登山临水还是舞文弄墨，未尝一日相舍。长大后又同登进士，由于政见相同，更是互为掎角，同进同退。所谓"手足之爱，平生一人"，一点不虚。

可惜官家不恤私情，出蜀之后苏轼和苏辙便异地为官，长年累月不得见。虽说每到一地，苏轼便有诗文寄给子由，但毕竟纸上传情终觉浅。

神宗熙宁七年（1074），苏轼在杭州的任期届满，而弟弟子由这时正在山东齐州任职。苏轼乃向朝廷请求调到山东任职，他的请求得到批准，被任命为山东密州太守。

赴任途中，苏轼本打算绕道齐州去探视苏辙，却未能如愿。在那个交通工具只有舟马，一次行程动辄几个月的年代，亲友间每次聚会都会格外珍惜，每次分离都会格外伤感，而丧失一次相会的机缘也就更添感伤。苏轼只好在去密州的途中写词相寄，这首词也就有了副题——《赴密州，早行，马上寄子由》。

野外驿馆的灯，闪闪晃晃，不情不愿地吐着青蓝色的火苗。昨夜来投宿的旅人已早早起来开始收拾行装。他没有工夫回味昨天晚上那个还没有收尾的梦，就背着行囊匆匆走出门。鸡才刚开始叫，天色尚早，这却不是可以迟留的理由，而是要尽快上路的信号。

这路，要走到哪年哪月才是尽头？在到尽头之前，是不是每个人都只有不断奔波的宿命？如果说，走很久很久以后，走过千山万水，有一个宁静美好的尽头等着自己，那么之前的羁旅之苦还可以理解。可是，所谓的尽头存在吗？

小时候，苏轼以为好好读书，将来中举、做官，之后的道路就明朗了。兄弟俩一起中举之后，母亲却不幸病故，只好回家守丧三年。守完丧出来做官，以为凭着自己的才能，按部就班就能实现"致君尧舜上，再使风俗淳"的理想，没想到却逢王安石一派"新党"当政，司马光、苏轼苏辙兄弟都被排挤出了朝廷。

世路无穷无尽，可人的生命却只有几十年而已。庄子说："吾生也有涯，而知也无涯。以有涯随无涯，殆已！"庄子说的是比较高尚的"知"，而我们追求的是形而下的"功名"，在有限的生命中，不断地求学、求知都像夸父逐日一样痴傻，而我等求功名、求事业，不是更不懂得生命的珍贵吗？

但苏轼还没有走到看空功名事业的人生阶段，发一些感慨并不意味着要隐退。他明白，虽然目前不是自己兄弟的用武之机，但来日方长，乘风破浪会有时，直挂云帆济沧海……

子曰："用之则行，舍之则藏。"用与不用，是由时运决定的，何必多费心思，反正"天生我材必有用"。"袖手何妨闲处看"，现在朝堂上的那些得意之辈，且由他们去折腾，我们不妨闲居终日、袖手旁观。"优哉游哉，聊以卒岁"有何不好？还可以邀几个朋友，觥筹交错，歌舞行乐。

苏轼没有道出的潜台词是：让他们闹吧，等他们收拾不了局面了，我们再出来"结人心，厚风俗，存纲纪"（出自苏轼《上神宗皇帝书》）。笑到最后的人，才笑得最好。

传说神宗看到苏轼这首《沁园春》之后很生气，马上下诏把苏轼贬到黄州，说：就让他苏某人去闲处袖手旁观吧，看朕与王安石怎么治理天下。这则野史自然不可当真，但苏轼这首词中明显露出的桀骜不驯却一点儿不假。

2. 明月几时有

水调歌头（明月几时有）

丙辰中秋，欢饮达旦，大醉，作此篇，兼怀子由。

明月几时有，把酒问青天。不知天上宫阙，今夕是何年。我欲乘风归去，又恐琼楼玉宇，高处不胜寒。起舞弄清影，何似在人间。

转朱阁，低绮户，照无眠。不应有恨，何事长向别时圆？人有悲欢离合，月有阴晴圆缺，此事古难全。但愿人长久，千里共婵娟。

最好的诗往往能堵住解读者的嘴巴，因为诗中已经把一切都道尽，多说一句都是累赘。你读的时候，觉得每一句都明白易懂，好像每个人都能写出来，只不过碰巧被这个诗人捡到了而已。读过一遍，你认为已经完全领会到诗人的意思，可是再读一遍，却又能发现新的意思和韵味。

"人人心中皆有，个个笔下却无"，非经妙手"偶"得，世间永不会出现。这阕《水调歌头》就是此等神来之笔。

月亮是个奇特而美妙的存在，它每三十天圆满一次，又消失一次；它晶莹明亮却没有太阳的温暖；它即使在最亮的时候，身上也有挥之不去的阴影。它永远是一个谜，而不知疲倦的人们对它的探究也从未停止过，每个时代都有人向月亮发出追问。

中国历史上有记录的第一个追问者应该是屈原，屈原以《天问》问天："天何所沓？十二焉分？日月安属？列星安陈？"天在哪里与地交会？黄道怎样十二等分？日月天体如何连属？众星在天如何置陈？

诗仙李白曾这样问月："青天有月来几时？我今停杯一问之。人攀明月不可得，月行却与人相随。……今人不见古时月，今月曾经照古人。"这位嗜酒如命的谪仙人，其实对月亮如何运行并不感兴趣，他的愿望只是"唯愿当歌对酒时，月光长照金樽里"。余光中说，"李白是酒入豪肠，七分酿成了月光，还有三分啸成剑气，秀口一吐，就是半个盛唐。"

到了张若虚的《春江花月夜》，诗人和月亮之间的对话达到高潮："江天一色无纤尘，皎皎空中孤月轮。江畔何人初见月？江月何年初照人？人生代代无穷已，江月年年望相似。不知江月待何人，但见长江送流水。"

当苏轼写下"明月几时有，把酒问青天"时，其实是在接续前人的未竟之思。李白人称"谪仙人"，是因为人们觉得他不是地上的凡人，而是天上的仙人被贬到了人间。古人常常认为有才华的人都是星宿下凡。苏轼说"乘风归去"而不说"乘风远去"，显然也是自认为是"谪仙"了，所以把"天上宫阙"当成前世的家。

后来的事情表明，苏轼自称仙人并非全无道理。苏轼死后的前十年里，一切官衔全被剥夺。苏轼的所有著作严禁印行，凡石碑上刻有苏轼诗文或他的字的，都被朝廷下令销毁。但是后来一位道士向"道君皇帝"宋徽宗奏称，自己看见过变身文曲星的苏轼在玉皇大帝驾前掌管诗文。徽宗闻听此说，匆忙给苏轼恢复了最高的官爵。

但苏轼却不是很乐意回归仙班，琼楼玉宇固然美好，但他怕"高处不胜寒"。传说唐玄宗曾被一位叫叶静的方士引导去月宫游览，到了之后发现"寒凛特异"，玄宗冷不能禁。苏东坡莫不是也患上了"恐寒症"？"起舞弄清影，何似在人间"，他对人间的留恋是不是仅仅因为担心天宫太冷？

苏轼于宋神宗熙宁九年作这首《水调歌头》，到了神宗元丰七年，苏轼正戴罪黄州，京城里到处都在传唱此词，神宗也被普及了。读到"琼楼玉宇，高处不胜寒"，神宗叹息道："苏轼终是爱君。"于是把苏轼调到了比黄州条件稍好的汝州。神宗大概是觉得，苏轼心系君王所以不忍乘风归去，回归琼楼玉宇。

神宗很可能是自作多情了。苏轼留恋人间，未必是感君恩，倒更可能是骨子里对尘俗生活的热爱。苏轼受老庄思想的影响很深，常常有"世事一场大梦""人生如寄"的感慨，但同时他又始终都在积极地面对生活、享受生活。苏轼是一个美食家，他不光发明了东坡肉、东坡肘子，而且善酿酒、精茶道，晚年到了岭南蛮荒之地，反而"不辞长作岭南人"，只因可以"日啖荔枝三百颗"。

月亮在诗词中出现从来不会只代表一轮"玉盘"，其阴晴圆缺，向来象征着人世的悲欢离合。苏轼作此词本就有"兼怀子由"的意义。苏轼请调密州本就是为了接近弟弟苏辙，密州与苏辙所在的济南并不远，不到词中所言的"千里"，但由于两人疲于官事，已有五年未见。

不懂事的月亮，在这五年间竟然每个月都圆那么一次，尤其以中秋为甚。就拿今夜来说，月光悄悄转过朱红的楼阁，低低地穿过雕花的门窗，蓦地照向屋里失眠的人。它就这样耀眼地照着，月光有多亮，不眠人的心中就有多凉。上一次兄弟相见是什么时候？上一封通信又有几个月了吧，苏辙现在身体怎样？跟上司相处可还融洽？月儿总无情，今夜最残忍。

苏东坡先生不准备跟月亮计较了。月亮运行自有其道，就像再亲密的人都会离离合合一样，此事古难全，人力难强求。与其跟不通情理的月亮较劲，倒不如许点实际的心愿。苏轼想到的，也应是"千里"之外苏辙想到的：但愿人长久，千里共婵娟。

"但愿人长久"，这句话就像"努力加餐饭"一样质朴有力，它道出了亲人对亲人再朴素不过的愿望。平平安安，不贪富贵贪长久。儿时母亲的精心呵护，长大后父亲的谆谆诱导，他们最大的愿望不就是儿子们可以长命百岁、一辈子开心快乐吗？而今父母早已西去，世间只剩下兄弟二人互相扶持、彼此慰藉了。纵不能联席共枕，共赏婵娟也好。

3. 此生此夜不长好

阳关曲·中秋作（暮云收尽溢清寒）

暮云收尽溢清寒，银汉无声转玉盘。此生此夜不长好，明月明年何处看。

熙宁九年（1076）中秋，苏轼完成了那首著名的《水调歌头·明月几时有》，后世的评家称："中秋词，自东坡《水调歌头》一出，余词尽废。"但东坡最在乎的可不是这身后名，而是《水调歌头》的写作对象——弟弟苏辙。

好比"举杯消愁愁更愁"，华美的词章非但不能缓解思念之苦，反而会引发更多的思念。一个月后，苏轼就又写了一首《画堂春·寄子由》：

柳花飞处麦摇波。晚湖净鉴新磨。小舟飞棹去如梭。齐唱采菱歌。

　　平野水云溶漾，小楼风日晴和。济南何在暮云多。归去奈愁何。

　　东坡得知，苏辙将离开济南掌书记任，前往京城。这看起来是个好消息，因为王安石的新党刚刚失势，苏辙为了抓住难得的政治时机，连家眷都没有带，只带了要进呈皇帝的重要奏章就匆忙出发了。苏轼于是在密州作了这首词为弟弟送行。

　　在这首词的上阕，苏轼追忆的是五年前与苏辙同游陈州柳湖的情景。

　　熙宁四年（1071）七月，苏轼被外放任杭州通判。苏轼的离京是不情愿的，在之前的几年间，苏轼接连上书神宗皇帝，驳斥新法，要求罢免王安石。他没有赢得皇帝的信任，只招来了王安石新党的嫉恨和攻击。在苏轼被排挤出京的这一年，反对变法的旗帜人物司马光也被罢归洛阳，这意味着新党的全面得势。

　　在之前一年，同样反对变法的苏辙已经离开京城去地方上任。苏轼去杭州上任时经过陈州，而苏辙此时正在陈州任州学教授。兄弟俩相晤甚欢，共同度过了一段悠闲快乐的时光。州学教授是个闲散清贫的差事，苏辙又养了好几个孩子，日子过得比较窘迫。苏轼曾经写打油诗嘲笑弟弟居住的房子："常时低头颂经史，忽然欠身屋打头。"伸个懒腰都能撞到头，可见房子之矮小。仕途遇挫，生活困顿，却不妨碍兄弟俩悠游畅叙。

苏轼在陈州待了很多天，一直过了中秋才走。那时，兄弟二人常到陈州的柳湖去划船，有时候到傍晚才回去。水面像新磨的镜子一样平净，看着夕阳静静地映在水中，兄弟俩边走边聊，谈论着家事、政治和各自的前途。跟苏辙相比，苏轼更容易激动，尤其在谈到朝中正在得势的那批人的时候。苏辙会拣合适的机会向哥哥提出劝告，让他出言谨慎，以免祸从口出。

五年之后，苏轼忆起了他们在陈州柳湖泛舟的日子。这首《画堂春》上阕的"湖"是记忆中的，下阕的"水"是现实中的。水的模样是差不多的，可这不是同一湖水，因为水上没有那艘熟悉的小舟。

苏轼问济南何在，济南不就在西边吗？可是西天的云彩遮住了视线。天色已晚，该回去了，可是人能回去，心中的愁怎么办？只能等到下一次相聚了。

《阳关曲·中秋作》本来是一首诗，名为《彭城观月诗》，用《阳关曲》唱出来就成了词。这首《阳关曲》或

《彭城观月诗》见证的是苏氏兄弟又一次难得的相聚。我们所以知道这些，是因为苏轼十八年后在《书彭城观月诗》文中回忆过："余十八年前中秋夜，与子由观月彭城，作此诗，以《阳关》歌之。"

熙宁九年（1076）年底，苏轼被调离密州，改派到河中府任职。履新之前他首先要去一趟京城开封，于是苏轼先去济南和苏辙的家眷会合。两家人久别重逢，欢喜非常，每天都有说不完的话。在济南盘桓了一个多月，次年春，两家人启程去开封。一行人马刚走到黄河边上，开封城还在几十里之外，就遇到了前来迎接的苏辙。分道多年的兄弟俩至此终于重逢。

我们无从得知他们兄弟在重逢的这几天里互相说了什么，但可以确定的是，一行人马接下来走得更慢了。子由带来一个消息，苏轼调到河中府的任命已被取消，改任徐州太守。四月，苏辙随兄来到徐州任所，一直住到中秋过后才离去。

这真是一段珍贵得近乎奢侈的团聚，竟然还可以在中秋节一起赏月。"千里共婵娟"就像梦一样留在过去，而现在月下同酌、赋诗作对也像梦一样美幻。哥哥写了《阳关曲》，弟弟也留下了一曲《水调歌头·徐州中秋》：

离别一何久，七度过中秋。去年东武今夕，明月不胜愁。岂意彭城山下，同泛清河古汴，船上载凉州。鼓吹助清赏，鸿雁起汀洲。

坐中客，翠羽帔，紫绮裘。素娥无赖，西去曾不为人留。今夜清尊对客，明夜孤帆水驿，依旧照离忧。但恐同王粲，相对永登楼。

离别七年，七度"千里婵娟"终换得一次"鼓吹助清赏，鸿雁起汀洲"。但重逢却往往与再次离别紧密相连，苏辙心想，中秋一过，自己又要告别兄长了，前方宦途难测，自己兄弟千万不要像怀才不遇的王粲那样，后半生流落天涯。

子由的忧虑恰恰也是东坡的忧虑。"此生此夜不长好，明月明年何处看。"在最幸福的时刻，他们兄弟不约而同想到的却是：今夜的美好不是永远的美好，今夜的月亮明年又要飞越千里了。当悲伤产生共振，那将不止是两倍的悲伤。

而命运的残忍恰在于，两人的悲观预测竟被后来的事实给"验证"了。十八年后苏轼写《书彭城观月诗》怀念这次彭城赏月时，他正在又一次被流放的途中，他的目的地是遥远而潮湿的岭南。然而异乎常人的是，当悲剧真的发生时，东坡的表现却是"殊未觉有今夕之悲，悬知有他日之喜也"。他没有觉出悲伤，反而料定他日喜事会再次驾临。这种心态怎一个"乐观"了得？

4. 世事一场大梦

西江月·中秋和子由（世事一场大梦）

世事一场大梦，人生几度新凉？夜来风叶已鸣廊，看取眉头鬓上。

酒贱常愁客少，月明多被云妨。中秋谁与共孤光，把盏凄然北望。

绍圣四年（1097）中秋，苏轼初到儋州，而苏辙在雷州。同遭贬谪的兄弟二人，隔海相望。多年前的那个中秋，苏轼在密州，苏辙在济南，苏轼写下"但愿人长久，千里共婵娟"，那是壮年时对下一半人生的期望和约定。而今，人来到了天涯尽头，生命也似乎到了尽头，各自保全残命，唯有把盏对望、两相凄然。

世事一场大梦。六十二年前在眉山呱呱坠地，懵懂无知；四十年前与子由同时及第、名震京都；十八年前遭"乌台诗案"，险些丧命；十二年前蒙太后恩宠，八面风光；三年前形势急转，与众多朋友一起流放蛮荒。这一切，不正是一场过眼而逝的梦？

这样的梦，《枕中记》中的卢生做过，《南柯记》中的淳于棼也做过。

唐时有位姓卢名英的书生，穷困潦倒。他在住店时遇到一位姓吕的老翁，吕翁从行囊中取出一个枕头赠给卢生，说这个枕头可以让他心想事成。卢生枕着这个神奇枕头睡着的时候，主人正在蒸黄粱。

在梦中，卢生娶世家大族之女为妻，中进士，升官，破贼立功。子孙皆仕宦，卢家成为天下望族……八十岁上，卢生寿尽而终。死亡是通向另一个世界的唯一途径，于是他醒了。而这时候店家的黄粱还未蒸熟。经此一梦，卢生大彻大悟，不再想上京赴考的虚事，转身入山修道去也。

汤显祖的《南柯记》写的是相似的故事，只是主人公换成了淳于棼，梦中的地点换成了蚂蚁族的大槐安国。但汤显祖多设置了一个情节：当淳于棼被逐出大槐安国时，梦虽醒，酒尚温，他明白了自己所结下的情缘、所享过的官运，都不过是蚁穴里的一场幻梦。但他还是割舍不下，他乞求禅师将并不存在的亡妻及其国人普度升天。若非老禅师斩断情缘，淳于梦还要在公主身边流连不返。

明知是梦，却不愿醒来。美在梦中，睡比醒好，不是每个人都需要真实，但的确每个人都渴望美好。与乏味寡趣的现实相比，幻象世界是那么美妙缤纷、应有尽有。

佛家讲六道：天、人、阿修罗是三善道；畜生、饿鬼、地狱是三恶道。生生死死，轮回不息。六道轮回，回回都是梦幻。

2010年热映的电影《盗梦空间》，以影像的方式将人带入一个梦境与现实难以分辨的世界。如果划破手指的痛感，填饱肚子的满足，十指相握的温热，大雨浇湿身体的淋漓，还有那些关于幸福、伤感、誓言的记忆，都不真实的话，还有什么值得相信？难怪主人公的妻子，宁愿死去也要沉浸在梦中，与他永远相守。

世称"东坡多雅谑"，东坡爱开玩笑是众人皆知的，他以此见爱于世人，也因此得罪当道。他称死脑筋的司马光为"司马牛"，他嘲笑泥古不化的程颐是"糟糠鄙俚叔孙通"，他还给朝云所生不幸早夭的那个儿子写过一首诗：

人皆养子望聪明，我被聪明误一生。

惟愿我儿愚且鲁，无灾无难到公卿。

法国的罗贝尔在《论幽默》中说："在我们这个极度紧张的社会，任何过于严肃的东西都将难以为继。唯有幽默才能使全世界松弛神经而不至于麻醉。给全世界思想自由而又不至于疯狂，并且，把命运交给人们自行把握，因而不至于被命运的重负压垮。"

东坡的幽默缘于旷达，而旷达是因为看透了世事不过是一场梦而已。再痛苦的梦，也会有解脱的一天。再欢乐的梦，也会有终结的那刻。人之穷与达，在本质上又有什么区别呢？

东坡早年签书凤翔府节度判官厅公事，尝作著名的《和子由渑池怀旧》，首四句为：

人生到处知何似，应似飞鸿踏雪泥。

泥上偶然留指爪，鸿飞那复计东西。

人生在世，来来往往，偶然留下一些痕迹，就像随处乱飞的鸟雀，不经意间在雪地上留下一些爪印而已。杜甫讥刺那些无名之辈："尔曹身与名俱灭，不废江河万古流。"可谁又能废得了江河万古流呢？王、杨、卢、骆可以吗？杜甫、李白可以吗？苏东坡可以吗？东坡显然是有自知的，他还有一首诗：

> 聚散一梦中，人北雁南翔。
>
> 吾生如寄耳，送老天一方。

江山是铁打的营盘，人是流水的兵。知兄莫若弟，苏辙在《祭亡兄端明文》中形容道："涉世多艰，竟奚所为？如鸿风飞，流落四维。"可为雪泥鸿爪最好的注解。

莎士比亚说过："人生不过是一个行走的影子，是一个在舞台上大摇大摆指手画脚的戏子，下台后就永远沉寂无声。"一个人死之后，他的命运就交给了历史。不管风光还是沉沦，都与本人无关了。从这个意义上讲，叫嚣"我死后，哪管他洪水滔天"的路易十五是清醒的。

"九死南荒吾不恨"，苏东坡早已打算终老海南，可是他没有如愿，在有生之年赶上了又一个新皇帝继位。遇赦北归后，东坡颇觉庆幸，他自己说："七年远谪，不自意全，万里生还，适有大幸。"可惜天不假年，翌年他便病逝于常州。

临终前，他的老友维琳方丈让他多想来生，东坡轻声答道："西天也许有；空想前往，又有何用？"

"有的人死了，他还活着"，不过是一种妄念而已。活着的不是这个人，也不是这个人在雪地上留下的脚印，而是这些脚印在后人心中激起的一些回响罢了。不管怎样，已然梦觉的东坡大概不会希望继续活在人们心中。

我们需要记住的，是曾经有这么一个人，在风雨中坦然走过一遭。他最伟大的功业，是从来没有失去自己。

第四章

身如不系舟

凤翔、杭州、密州、徐州、黄州、惠州、
儋州、常州……苏轼的身后，有一长串
的地名留下了他的印记。

1. 不做世间闲客

南歌子（日出西山雨）

日出西山雨，无晴又有晴。乱山深处过清明。
不见彩绳花板、细腰轻。

尽日行桑野，无人与目成。且将新句琢琼英。
我是世间闲客、此闲行。

诸葛亮初出茅庐时，博望坡一把火烧出了威名。苏轼也
要走出茅庐，进入仕途了，却不知前方有没有"一战成名天
下闻"的机缘。

丁母忧返京不久，苏轼便被派往陕西凤翔做通判。弟弟
苏辙则留在京城陪着父亲。两人在人生中第一次分离，恋恋
不舍之意全在诗中：

亦知人生要有别，但恐岁月去飘忽。

寒灯相对记畴昔，夜雨何时听萧瑟。

在凤翔，苏轼小试身手，也初遭挫折。年轻的士子这时还不懂世道的沉重，他固执地用旺盛的生命力泼出了几道属于自己的色彩。当你听到他吟唱"我是世间闲客、此闲行"时，切莫以为他在凤翔做了几年与世无争、得过且过的好好先生。苏轼在自己的诗词中做了一辈子的"闲客"，在现实中却从来都是个"不忍事"之人，留下了一则又一则的"不平则鸣"。他"鸣"时，多因公事，但也为私情。

凤翔府中小吏知苏轼文名，慕其风流态度，故呼之为"苏贤良"。不意苏轼的上司凤翔知府陈公弼听到之后勃然大怒："一个判官而已，有何贤良！"竟把小吏杖打一顿。陈公弼并非嫉贤妒能的恶官，只是平素律人律己皆严，且向来不苟言笑。但苏轼与他的梁子自此便结下了。

后来苏轼写一些《府斋醮祷祈》之类无关痛痒的小文，陈公弼也总是挑刺，一次一次地要求改写。到了中秋节，与上司素来不睦的苏轼借故不去拜谒，而跑去庙里看《石鼓文》、写《石鼓歌》，结果被知府处分，罚铜十斤。

苏轼心中当然有气，但一直隐而未发，他在等待一个报复的机会。机会终于来了，一次陈公弼在家中建了一个亭台，名唤"凌虚台"，要立一块碑，点名要苏轼来写碑文。苏轼写好呈上之后，心中窃喜，并忐忑着等待"迂老头"大发雷霆。原来苏轼在碑文中大做手脚，以图借机泄愤。后人把《凌虚台记》当作古文中的范本来学习、朗诵，似乎并非苏轼的初衷。

　　其东则秦穆之祈年、橐泉也，其南则汉武之长杨，五柞，而其北则隋之仁寿，唐之九成也。计其一时之盛，宏杰诡丽，坚固而不可动者，岂特百倍于台而已哉？然而数世之后，欲求其仿佛，而破瓦颓垣，无复存者，既已化为禾黍荆丘墟陇亩矣，而况于此台欤！夫台犹不足恃以长久，而况于人事之得丧，忽往而忽来者欤！而或者欲以夸世而自足，则过矣。

——《凌虚台记》

　　陈公弼立碑刻文之意，原不过为新建的亭台寻点场面话、吉利语，苏轼却大发"兴亡衰替"的牢骚，以历朝历代的"破瓦颓垣"教训起知府来。写出"欲以夸世而自足"这样的话，简直是目无长上、妄自尊大。苏轼的本意是逗一逗知府，出口恶气，做好了打回重写的准备。他没有想到，陈公弼看到碑文之后，却命令一字不改，照原文刻在了碑上。

陈公弼还当场说了一番话："我待苏洵如子，待苏轼如孙，平素之所以不假辞色，是因他年少暴得大名，怕他满不自胜，所以有意抑损。苏轼竟然真的生我的气了。"苏轼自此方知陈公弼的良苦用心，在日后为陈公弼写传时，坦露道："轼官凤翔，实从公二年。方是时年少气盛，愚不更事，屡与公争议，至形于颜色，已而悔之。"

苏轼与陈公弼之争，意气使然，不足为训。后人鉴之，当谅陈公弼之宽厚，戒苏轼之虚骄。苏轼性情却由此暴露无遗。他有气必争，有仇必报，逞机巧、炫辩才，使看客酣畅淋漓，令亲友胆战心惊。反正，他不愿做一个闲客。因为他的"争"，精明之人或许已经预感到他多年后在政坛上的失败。

苏轼的智力和精力若全用在同僚之间的意气之争上，也就不成其为苏轼了。世人往往不假思索地以为，为公事而争与为私情而争是两码事，一个人只能顾其一，却不知道，委曲求全惯了的人，会淡漠"不平则鸣"的本性，关键时刻往往成了乡愿。

在凤翔，苏轼便为民利"争"了几次。

北宋有一种差役叫"衙前"。凤翔一带每年要砍伐上好竹木，编成竹筏、木筏，从渭河入黄河，给京城开封送去。

官府要求每年衙前运送竹木的时间就在河水暴涨之时，经常发生颠覆事故，水工淹死无数。苏轼得知后深感痛心，于是建议修订衙规，准许"自择水工，以时进止"，实施之后，"衙前之害减半"。

苏轼还多次呼吁官府把垄断经营的茶、盐、酒等货物开放，不要夺民之利，可惜并无结果。苏轼还呼吁免除凤翔百姓欠官府的不合理债务，当时朝廷已有赦免债务的诏书，但地方官员却故意违逆，于是他愤而上书："天下之人以为言出而莫敢逆者，莫若天子之诏书也。今诏书且已许之，而三司之曹吏独不许，是犹可忍耶？"

苏轼自己说，若遇不平不快之事，则"如食中有蝇，吐之乃已"。他可以做雅客、俗客、诗客、词客、酒客、农客，却唯独做不成闲客。东坡钟情于山水、古迹、名玩，却也勇于任事。他不愿做烦琐呆板的官僚，却乐于做察民情、发民声的士大夫。他的政治宣言中，浪漫情怀多于可行性建议，但一派赤诚之心却天真无假。

2. 亲射虎，看苏郎

江城子（老夫聊发少年狂）

老夫聊发少年狂，左牵黄，右擎苍。锦帽貂裘，
千骑卷平冈。为报倾城随太守，亲射虎，看孙郎。

酒酣胸胆尚开张，鬓微霜，又何妨。持节云中，
何日遣冯唐？会挽雕弓如满月，西北望，射天狼。

在我们的印象里，苏轼是一个温文尔雅的书生，对
《诗》《书》《礼》《乐》是行家里手，诗词歌赋是家常便
饭，但绝不会把他和"弯弓射大雕"的壮士联系起来。这一
次，是苏轼自己给自己塑造了一个英雄好汉的形象。

而且，这看起来并非文人的英雄梦，而是确曾发生的真
事。宋神宗熙宁八年（1075），东坡任密州知州。当时，密

州大旱，苏轼率众前往附近的常山祈雨，后果得雨，于是又一次去常山祭谢。归程途中，绕道常山东南的黄茅冈习射会猎，参与这次狩猎的还有同官梅户曹。这次打猎所获甚多，苏轼十分振奋喜悦。

兴奋之余的苏轼，不光写了《江城子·密州出猎》这"史上第一首"豪放词，还作了一首诗——《祭常山回小猎》：

> 青盖前头点皂旗，黄茅冈下出长围。
>
> 弄风骄马跑空立，趁兔苍鹰掠地飞。
>
> 回望白云生翠嶂，归来红叶满征衣。
>
> 圣明若用西凉簿，白羽犹能效一挥。

将一词和一诗结合来读，我们能看到更完整的盛况。事实上苏轼是先写的诗，觉得意犹未尽，然后才创作了《江城子·密州出猎》。但后人广为传诵的却是这首词，诗、词的命运像诗人的命运一样难测。

自称"老夫"的苏轼在这一年刚满四十岁，他自称"老夫"，或许隐含有宦海浮沉身心疲惫之意。

护卫们手持皂旗在车前开道，浩浩荡荡，大队人马开向狩猎场所——黄茅冈下。打猎总要有装备，黄者为犬，苍者为鹰。司马迁曾记载，秦朝丞相李斯在被腰斩之前，最想做的事就是"牵黄犬，臂苍鹰，出上蔡东门"，可惜没能得到满足。

在苏轼笔下，打猎的队伍颇为壮观。千骑呼啸，席卷平冈。只见广袤的围场内，呼鹰策马，箭镞纷飞，紧张而热烈。健马奔跑，如龙一般，带着阵阵疾风。苍鹰为了追逐狡兔，掠地低飞，几乎擦到了草尖。

城中百姓听闻太守田猎的壮举，于是倾城而出，蜂拥至黄茅冈前。正在兴头上的太守，看着密密麻麻的围观者，豪情更增，暗暗下劲，一定不要负满城父老的信任。说时迟，那时快，只见一头猛虎向苏轼的坐骑猛扑过来。苏轼拈弓搭箭，瞄准那大虫的前额，只听，嗖……

苏轼心想，自己此时的风采定然不输三国的孙权。孙权曾被他的敌人曹操赞赏——"生子当如孙仲谋"。孙仲谋自幼文武双全，早年随父兄征战天下。某次征战归来途中，孙权在庱亭乘马射杀一头猛虎。不过如果看史书的详细记载，故事则没有那么干脆利落。孙权射虎之后，受伤的老虎把孙权乘坐的马伤了，跌落地上的孙权将双戟向虎投去，老虎倒退，然后在一位随从的协助下，把这头虎捕获了。

但苏轼在黄茅冈打猎时是不是真的射杀过老虎，不好说，也许他只是射了几头鹿，但为了用典，顾不上真实性，我们也没必要较真。

意气风发的猎手很自然地想到：吾有此本事，应当去战场杀敌，报效国家。此时，堂堂大宋正在被西夏这个蕞尔小国欺侮。熙宁三年，西夏大举进攻环、庆二州，四年占抚宁诸城。

谁说文人不能征战？在"五胡乱华"的南北朝乱世，西凉主簿谢艾就曾"白马轺车破麻胡"，打破了"百无一用是书生"的谬见。谢艾本是一名儒生，西凉又国小兵寡，但谢艾如韩信再生，曾三次大败中原来的胡族大军。谢艾临阵时"乘轺车，戴白窥"，一副儒生打扮，但并不妨碍他屡建奇功。

《乌台诗案》记载了苏轼自己对"圣明若用西凉簿，白羽犹能效一挥"两句的解释："意取西凉主簿谢艾事。艾本书生也，善能用兵，故以此自比。若用轼为将，亦不减谢艾也。"苏轼的确是想着去西北战场杀敌报国了。

"持节云中，何日遣冯唐？"汉文帝时云中太守魏尚抗击匈奴有功，但因报功不实，获罪削职。后来文帝听了冯唐的话，派冯唐持节去赦免魏尚，仍叫他当云中太守。苏轼是以无辜被贬的魏尚自比，隐晦地表达朝廷对自己的忽视和不公。他盼着"冯唐"持节来密州，带来让他再书"谢艾"传奇的机会。

此时的苏轼是英姿飒爽的：会挽雕弓如满月，西北望，射天狼。不过煞风景地实证一下："天狼星"现在一般称为

"大犬星座α星",在此处喻指西夏无疑。它的运行轨迹始终在南天下部,在一年中的任何时候,向西北方向望去,都不可能看到。

苏轼对这首词很是惜重,他致书友人说:"近却颇作小词,虽无柳七郎风味,亦自是一家。"他意识到自己已经在柳永"杨柳岸,晓风残月"的词风之外别立格局。

苏轼之前的词都是婉约词,但没有婉约之称,因为人们觉得词本来就是花间月下、倚红偎翠。直到苏轼开创出豪放词,之前的词才被称为"婉约词"。可以说,词至东坡,其体始尊。

词本来就是和歌而唱的。李清照曾批评东坡词是"句读不葺之诗","往往不协音律",意思是不符合词的本色。《后山诗话》的作者陈师道也讥笑苏轼"以诗为词","虽极天下之工,要非本色。"可是东坡词当真不能歌吗?当然不是,东坡词亦可歌,只是换了一种格调。

《江城子·密州出猎》是苏轼最早的一首豪放词,词成之后,苏轼招来多名山东大汉,让他们"抵掌顿足而歌之",与世俗常见的十七八岁女孩手中的红牙板不同,苏轼选用的伴奏是"吹笛击鼓",其效果是"颇壮观也"。壮观之歌难道不是歌?

3. 不忍轻别是徐州

江城子·别徐州（天涯流落思天容）

天涯流落思无穷，既相逢，却匆匆。携手佳人，

和泪折残红。为问东风余几许？春纵在，与谁同。

隋堤三月水溶溶，背归鸿，去吴中。回首彭城，

清泗与淮通。寄我相思千点泪，流不到，楚江东。

东坡自熙宁四年出京后，便成了一只流落天涯的孤鸿。杭州三年、密州两年、徐州两年，刚刚熟悉一方水土、结识一方朋友，就要忍痛分离，赶往命运安排的下一站。现在又到了与徐州告别的时候。这是孤鸿的命运，不得违、不得怨，纵痛如刀绞也仅能哀鸣几声罢了。可是东坡的几声哀鸣，竟能穿越千年，勾出你我心中的凄凄恻恻。

之前的几次"分手"经验让东坡对整个流程都熟稔起来，宴席、赋诗、折柳、道别，但这丝毫没有缓解楚楚离情对内心的撕扯。他说，对徐州是"乐其风土，将去不忍"。两年的时间，说长不长，说短不短，可错误就在于东坡掬了一把徐州的热土铺在心头，又从泗水中舀起一瓢清澈，从此依恋的种子悄悄发芽。他甚至打算退休之后要买田于泗水之上，终老徐州。

相逢既晚，离去却匆匆。当时有多美好，现在便有多残忍。

"携手佳人"，这里的佳人是指官伎。在唐宋时代，地方长官赴任离任时由官伎为之导路是官场惯例。这是唐宋风流的一笔注脚，朝廷也从不会觉得红粉佳人的出现有伤风化。经元明杀伐之世，这一习俗逐渐式微，到了风流消散一派肃穆的清朝，更是被悬为厉禁。在细节中往往可以窥见时代精神的变迁。

美人姣好，折花相赠。春已晚，花凋残。残红不悲，最悲是离人泪。泪与花相照，泪犹残红，残红溅泪。问东君，春色还有几许？问也是白问，剩多剩少又有什么关系？无人相伴，无情可寄，徒增烦恼罢了。

东坡不忍别徐州，徐州亦不忍别东坡。当东坡离任徐州时，悲戚呜咽的管弦漫笼全城，无数吏民攀辕挽留，情辞恳切。人们纷纷"洗盏拜马前，请寿使君公"，说得最多的话是"前年无使君，鱼鳖化儿童"。苏轼抗击洪水之功，永远不会被徐州父老遗忘。

苏轼刚到徐州就任时，民情还未熟悉，洪水紧接着就到了。黄河在徐州以北五十里处突然决堤，水势向东南蔓延，淹了四十五个州县、三十万顷良田。洪水很快就到了徐州城边，水势被城南的高山阻遏，在城下汇积。水面不断抬升，达到二丈八尺，一度超过了徐州城内的街道。

徐州城危如累卵！苏轼率领吏民全力抢救城池。但当此存亡之际，富有之家纷纷逃难。若听任富民逃走，势必人心惶惶，徐州城就更保不住了。苏轼赶到城外拦住逃难者，把他们赶回城里，并当众立誓："吾在是，水决不能败城！"苏轼的镇定和坚决，稳住了一城之心。

在宋代，禁卫军直接归皇帝指挥，地方长官没有调动之权。为取得禁卫军协助，苏轼穿草鞋、挂手杖，扑哧扑哧从泥水里跋涉过去，亲自来到军营向官兵喊话："河将害城，事急矣，虽禁军，宜为我尽力。"官兵们感佩不已，慨然允诺，加入筑堤保城的大军。

雨水日夜不止，心急如焚的苏轼直接住在城上，往来奔走也"过家门不入"。在最危急的时刻，洪水离堤岸只有"三板"。最后洪水退去，朝廷下诏褒奖苏轼。虽然苏轼谦称"水来非吾过，去亦非吾功"，但徐州父老明白，当时若无苏轼，徐州人恐怕都成了"鱼鳖"。

万恶的洪水无意中做了一件好事，就是升华了东坡与徐州百姓的情谊。生死与共的下一步就是患难之交。东坡可以在徐州"敲门试问野人家"讨茶喝，徐州的年轻女子也会"旋抹红妆看使君"。

苏轼对徐州的山川地理、风土人情作过详细考察，从内心爱上了这个自古多豪杰的地方，博取杂收的他还学过本地的方言土语。如果说苏杭的特点是温柔富贵，那么徐州的迷人之处就在于能令人拍手大笑、兴奋发狂。且看苏轼《登云龙山》：

> 醉中走上黄茅冈，满冈乱石如群羊。
> 冈头卧倒石作床，仰看白云天茫茫。
> 歌声落谷秋风长，路人举首东南望，拍手大笑
> 使君狂。

乐则乐矣，已成过往。水流溶溶，杨柳依依，被离愁障目的诗人看每一样景物都情意无限。可它们哪一个又真正懂得诗人的心思呢？昔来徐州，杨柳依依；今别徐州，杨柳还是依依。

天上一排鸿雁正往北飞，头朝家的方向奋力展翅，而东坡却要走与它们相反的方向。一为归家，一为流落；一自做主，一听安排。好一番凄凉的对比。

走走停停，步子慢一分，离别的过程就长一点。拉长离别过程是一种折磨，但总好过戛然而别，连一点余温都存不下。眼见回首已望不到徐州城了，东坡又发现一件遗憾的事：徐州的泗水只与淮河相通，流不到自己将要去的湖州。徐州故人若想要寄"千点相思泪"过来，都没有办法。

当你恋上一个人，你会拼命寻找与他的相同或相似之处，家乡、经历、名字、生日……再细微的巧合都会让人兴奋，再细微的不合都会让人失落。当你恋上一个地方，这个症状同样会发作，这正是东坡为"流不到，楚江东"而失落的原因。

苏轼是一个"既来之，则安之，既安之，则爱之"的人。在他一生中，他爱过许多地方：杭州、徐州、黄州、汝州、惠州、儋州……他中意的养老之地，也不止徐州一处。这是一种恋旧的情结在作祟。而一个人之所以恋旧，是因为"旧"有他的付出、他的经营、他的希冀，苏轼不管到哪里，都从不敷衍自己与这个地方的缘分，他总是那么乐此不疲。所以一圈走下来，每个地方都值得他留恋、回忆。

4. 寂寞沙洲冷

卜算子·黄州定慧院寓居作（缺月挂疏桐）

缺月挂疏桐，漏断人初静。时见幽人独往来，飘渺孤鸿影。

惊起却回头，有恨无人省。拣尽寒枝不肯栖，寂寞沙洲冷。

一场风暴刚刚过去，侥幸逃过一劫的苏轼惊魂甫定，心有余悸。定慧院是苏轼在贬所黄州的第一处寓所。在这首词里，写了一人一鸟。上片写孤鸿见幽人，下片写幽人见孤鸿。其实，词中人即飞鸿，飞鸿即人。

在那场后来被称为"乌台诗案"的文字狱中，李定、舒亶等新党御史摘取苏轼一封谢恩表和众多诗词中的语句，以诽谤新政的罪名逮捕了苏轼。

灾祸起于《湖州谢上表》。苏轼从徐州移知湖州时，依例向神宗上表致谢，这本是官样文章，可苏轼一向疾恶如仇，遇有不平则"如蝇在食，吐之乃已"，于是《表》中出现了这样的牢骚："知其生不逢时，难以追陪新进；查其老不生事，或可牧养小民。"意思是说：我自知生不逢时，无缘跟你们这些新进的政治暴发户共事；朝廷大概是看我年纪大了，在下面也兴不起什么风浪，才派我去管管小民。于是，他"讥讽朝廷"的帽子就被扣上了。

一干宵小深文周纳、罗织罪名，意图置这位常令他们如芒在背的舆论领袖于死地。苏轼一贯反对新法，但此时新党炙手可热，原来的反对派都已退居各地、默不作声，唯有苏轼仍然不时发出反对之声，屡屡在诗文中对所见新法弊端表达不满。众人装睡，一人独醒，醒着便是罪过。

苏轼在湖州太守任上被逮捕。面对气势汹汹、来者不善的官差，苏轼心慌意乱，不知所措，藏在屋里不敢出来。经同僚劝说出来之后，他做了最坏的打算，向官差自言："知多方开罪朝廷，必属死罪无疑。"在押送进京的途中，他甚至想过跳水自杀，由于担心把灾祸转移给弟弟才作罢。到了京城，苏轼被投入御史台审判。

事已至此，苏轼的诗词、文章、书信统统成了罪证。其中有些确属讥刺时政，有些则是政敌无中生有、穿凿附会。苏轼的文字向来广为世人传诵，他巧妙而犀利的讥讽很容易变成众口相传的笑话，所以那些人才会对他如此嫉恨。他们甚至劝神宗皇帝违背"与士大夫共天下""不杀士大夫"的祖宗家训，处死苏轼而后快。

这件大案牵涉了苏轼三十九位亲友，一时风雨凄凄、人心惶惶。幸好神宗皇帝尚存爱才之意，以及正义之士的救援，苏轼才逃过一死。最后皇帝下诏，苏轼被贬往黄州，充团练副使，但不准擅离该地区，并无权签署公文。

苏轼脱了死罪，无疑令他的政敌十分失望。但这场突如其来的牢狱之灾，把恐惧打入了苏轼的意识。黄州之前的苏轼，就像一只唧鸣不已的黄鹂，动听的歌喉为它引来无数赞赏，也无形中招来嫉妒和愤恨。轰隆一声电闪雷鸣，暴风雨洗刷出这世界原本的残酷面目。等待命运判决时的无助和风吹雨淋的切肤之痛，终于让它懂得了隐藏和沉默才是求全之道。

写作此词时，已是苏轼到黄州的第二年。但惊悸如蛇，始终缠绕不休。

"缺月挂疏桐"，残缺之月挂在枝叶稀疏的梧桐上，一句白描将人带入静谧幽深的夜里。既然漏已断、人已静，为何还有一个人在月下树影里独自徘徊？他是心思太重，夜不能寐，还是闲来无事，闲游遣闷？让人不禁联想到东坡几年后又一次夜里漫游：

> 元丰六年十月十二日夜，解衣欲睡，月色入户，欣然起行。念无与为乐者，遂至承天寺，寻张怀民。怀民亦未寝，相与步于中庭。庭下如积水空明，水中藻荇交横，盖竹柏影也。何夜无月？何处无竹柏？但少闲人如吾两人者耳。
>
> ——《记承天寺夜游》

　　两个闲人在无名之地的无聊散步，竟被写得如此潇洒、隽雅，诗意盎然。读这篇小文，就像眼前有一条溪水涓涓淌过卵石，弹出一支清新的曲调。美！仅此而已。但自作聪明的解说家总要从中读出点什么深刻的意思，比如有人说"闲人包含了作者郁郁不得志的悲凉心境"。东坡不得志不假，但他若每首诗词都要对此怨念一遍，那该是怎样一个无趣的伪东坡？

　　东坡在承天寺夜游时还有张怀民相伴，但在定慧院夜游时却只有"孤鸿"与自己为朋。与《承天寺夜游》相比，这首词少了几分闲适，多了几分孤寂、凄苦。这暴露出东坡目前还没有学会与黄州安然相处。

　　"惊起却回头"，孤鸿被谁惊起？不会是"幽人"，而此时众人又早已沉睡，还会有谁呢？应该是被自己刚才做的梦惊吓到了。回头望什么？自然是噩梦发生的地方。它之前大概没有料到，风平浪静的树枝上藏着一枚惊雷。

"有恨无人省"，它又有什么恨渴望被人知道呢？难道它也曾因鸣叫得罪鸟王？难道它也是初来黄州"亲友绝交""郡中无一人识者"？难道它也是祸不单行"疾病连年"？

可是这只被噩梦惊醒的孤鸿，在焦灼中来回飞动，希望找到一个适合自己的枝丫来栖息。但它竟挑三拣四，拣尽所有的寒枝也不肯栖落，最后宁肯决绝地在冰冷的沙洲上独自飞行，也不愿降低格调，与众多凡鸟沆瀣为伍。"良禽择木而栖"，斯良禽也！

在监狱中度过的四个月让苏轼惊吓不已，但与牢狱之祸相比，更让他难以接受的是放弃自己的品格。事实上，出狱当天，"以诗得罪"的他就又写了两首诗，其中一首是：

> 平生文字为吾累，此去声明不厌低。
> 塞上纵归他日马，城东不斗少年鸡。

贬谪黄州可以打消苏轼"致君尧舜"的念头，让他成为不羁的塞上野马，但他绝不会与靠投机取巧赢得君王宠爱的小人为伍。后来的事实也证明，黄州的艰苦丝毫无损苏轼的高洁，只是把他的生命和诗词推向了另一个轨道。

5. 天涯何处无芳草

蝶恋花·春景（花褪残红青杏小）

花褪残红青杏小。燕子飞时，绿水人家绕。枝上柳绵吹又少，天涯何处无芳草。

墙里秋千墙外道。墙外行人，墙里佳人笑。笑渐不闻声渐悄，多情却被无情恼。

天涯何处无芳草。没走过几处天涯，谁又有资格说这样的话？

"天涯"是古人的用语，今人常说的是"地平线"，汪国真有一首诗中描述过地平线：

既然目标是地平线，

留给世界的只能是背影。

我不去想未来是平坦还是泥泞，

只要热爱生命，

一切，都在意料之中。

当东坡被朝廷反复无常的旨意驱使着到处奔波时，他无法决绝到在心绪中只留下勇敢。变故之下的惊惶是人的本能反应，纵是东坡也无法避免。东坡长于常人的地方在于，每次惊惶过后，他都能很快平复下来。经历的击打越多，恢复平静的速度越快。

东坡好像在与命运斗法。命运一次次使出他始料不及的利器，让他在陌生土地上狼狈行走，让他与亲友分离断绝，让他被暴雨淋湿又被烈日烘烤。东坡没有还击的余地，但他以风雨之中淡然的微笑回馈命运，让后世的评判者毫不犹豫地判定这个失败者才是真正的胜利者。

这一次考验发生在"元祐"和"绍圣"两个年号交接的年份。年号更换的背后不仅是执政者的轮换，而且是两种截然相反的政治方针的掉转。驾驶舱的罗盘轻巧地调个方向，整个船体就要发生剧烈的震荡。

元祐八年，厌弃新法的太皇太后高氏驾崩。这个女人给东坡和旧党带来了八年的好运。她死后，长期生活在祖母阴影下的年轻皇帝哲宗亲政。这位轻率鲁莽的幼主被王安石提拔起来的那批奸猾之徒蛊惑、利用，全面恢复神宗时已不得民心的新法。随着章惇、曾布等小人被召回和重用，厄运很快降临到元祐时期掌权的大臣身上。

章惇拜相后，这位年轻时的好友对东坡的"回报"是，让他成为被贬谪到岭南的第一人。年轻时，东坡和章惇是好友，有一次两人一起旅行，遇到一道万仞之深的涧谷，只有一条横木为桥，章惇要东坡走过去在悬崖上题字，东坡不敢，章惇于是面不改色地走过去，从容地在壁上写下："章惇苏轼来游"，然后走回来。事后东坡半是开玩笑地说："子厚（章惇字）必能杀人！"章惇问为什么，东坡答："连身家性命都不要的人，还怕杀人吗？"章惇大笑。没想到一语成谶，章惇后来果然成为一个暴戾凶狠之徒。但他对东坡还算"仁慈"，只是将东坡变成了被贬谪到岭南的第一人。

东坡先是在元祐八年自请出京去了定州，哲宗改号"绍圣"后，他以"讥斥先朝"的罪名被贬岭南。先是说调任英州太守，然后不断接到追加的贬抑，最后的目的地定在惠州。一道道冷酷的圣旨来势汹汹，敌意甚重，东坡不由得心惊胆战。在寄给弟弟子由的一首词中，他写下秋雨之下的心境：

梧桐叶上三更雨，惊破梦魂无觅处。

夜凉枕簟已知秋，更听寒蛩促机杼。

八年好梦，一朝惊散。未来等待他的，将不会再有长时间的安宁。他在梦中留恋地回忆"江亭醉歌舞"，但他没有办法不睁开眼，看冰凉的秋雨打湿窗棂。

岭南自古以"瘴疠之乡"为人们所畏惧、逃避，也因此成为皇帝贬谪大臣的理想之地。韩愈被贬潮州途中，写诗给赶来同行的侄子孙湘，预感自己将死在这蛮荒之地："知汝远来应有意，好收吾骨瘴江边。"哀切之情，溢于言表。

可是东坡在惠州住下后，却很快与这里安乐相处起来。定居之后，他杜门烧香，闭目清坐。抱着"死生有命"的态度，不惊不乱，像一位入定的禅师。

他寓居在惠州嘉祐寺，有一天纵步松风林下，突然觉得足力疲乏，但亭子还在很远的地方，心想，是不是勉力走到亭子下再休息？思考良久，他突然悟到："此间有什么不得歇处！"何必非得在亭子里安歇？

想到这一点让东坡十分快活，就像挂在钩上的鱼忽得解脱，他进而想到：

若人悟此，虽短兵相接，鼓声如雷霆，进则死敌，退则死法，当什么时也不妨熟歇。

庄子说："相濡以沫，不如相忘于江湖。"可是江湖不是每一条鱼都能幸运得到的，当被逼入狭窄的沟渠而插翅难飞时，该怎么做呢？东坡的做法是，此心安处即江湖，心闲气定则天地宽广。

所以东坡才会在来惠州的第二年，而且是"枝上柳绵吹又少"的暮春时节，非但不伤春，反而看到"天涯何处无芳草"。只是这句话成为后世失恋者的座右铭，大概是东坡当年没能料到的。

这首词的下阕写了一个墙里佳人和墙外行人的偶遇故事，后人对其寓意争论不休。行人从墙外经过，不经意被墙里佳人天真悦耳的笑声吸引，渐生爱慕之情，他或许没到"为卿一笑，抛却浮名"的痴狂地步，而只是想再听一会儿。但佳人根本就不知道墙外行人的存在，笑声渐渐消失了。多情却被无情恼，多情的是行人，可荡秋千的姑娘所谓的"无情"只是无心罢了。

有人说，这个故事寓含着东坡的郁郁寡欢和不得志，或许他那位聪慧的侍妾朝云也是这样理解的。东坡每次让朝云唱这首《蝶恋花》，朝云都会掩面惆怅，泪满沾巾。东坡问她缘故，她答说，最唱不出口的，便是"枝上柳绵吹又少，天涯何处无芳草"两句。东坡听后幡然大笑。其实东坡即使有伤春之意，又怎会至于不能自遣呢？

　　如果不先入为主，代东坡而悲，我们在这个故事里看到的有趣要多于落寞。为什么我们就不能认为东坡只是虚构了一个偶然发生的有趣故事，并把它用诗意的语言写了出来？为什么东坡在岭南就只能失意，且只能写自己的失意呢？最简单的解释往往是最合理的解释，东坡没有悲，可是后人争相替他悲，让"日啖荔枝三百颗，不辞长作岭南人"的东坡情何以堪呢？

　　东坡在给朋友的信中说，北归无望，不如干脆以惠州人自居。他心中是安宁的，不需要强辞安慰，只当原来就是一个惠州秀才，只是累举不第而已。有这样的心境，在哪里又看不到芳草呢？

6. 身如不系之舟

千秋岁·次韵少游（岛外天边）

岛外天边，未老身先退。珠泪溅，丹衷碎。声摇
苍玉佩，色重黄金带。一万里，斜阳正与长安对。

道远谁云会，罪大天能盖。君命重，臣节在。新
恩犹可觊，旧学终难改。吾已矣，乘桴且恁浮于海。

东坡在惠州很快便随遇而安起来，还写了两行诗："为
报诗人春睡足，道人轻打五更钟。"不料这两句诗传到章惇
的耳里，这位以前的好友、现在的政敌听闻苏轼竟然过得这
么舒服，妙手一动，又颁发了新的贬谪命令。东坡于是匆忙
赶往下一站——儋州。

日后东坡从海外归来，在金山寺看到好友李公麟为自己

画的像后，题诗一首：

心似已灰之木，身如不系之舟。

问汝平生功业，黄州惠州儋州。

黄州、惠州、儋州，这是他依次被贬谪的地方。在这些地方，东坡以罪人之身过着凄凄惶惶的日子，儋州当时还是未开化的蛮荒之地，"食无肉，病无药，居无室，出无友，冬无炭，夏无寒泉"，生活且不可保，又有何功业可言？

《自题金山画像》是东坡遇赦北归之后作的，而在南渡之前他还没这么洒脱，有他当时的文字为证："某垂老投荒，无复生还之望。春与长子迈诀，已处置后世矣。今到海南，首当作棺，次便做墓。仍留手疏与诸子，死即葬于海外，生不契棺，死不扶柩，此亦东坡之家风也。"

"生不契棺，死不扶柩"的旷达，遮不住他视渡海若赴死的悲戚。"功业"二字，是万万不想不到的。难不成，东坡把平生功业统统归入黄州惠州儋州，只是风雨过后对苦难经历的有意美化和自嘲，并借此表示自己的英雄气概？

东坡所说的"功业"也许不是建功立业的功业，而是指诗词文章、书法绘画。若如此，那两句诗就不是故意反话正说，而是"诗穷而后工"在他身上的体现。的确，每次贬谪都是东坡在文学上的丰收季。黄州是最明显的例子，如果没有乌台诗案的打击，如果没有躬耕东坡的艰辛，我们难以想象，苏轼会写出前后《赤壁赋》、《念奴娇·赤壁怀古》这样的天才之作。官场上的围剿，造就了文化上的突围。

东坡得意时的作品，虽也工致新巧，但就像糖水只有甜味一样，你只能夸他有才；而失意时的作品，一字一句都能入心，读之有声，思之有味，像茶一样隽永绵长。苦难成就文艺，就像苦寒之于梅香，磨砺之于剑锋。

这是有传统的，司马迁早就观察到：

文王拘而演《周易》；仲尼厄而作《春秋》；屈原放逐，乃赋《离骚》；左丘失明，厥有《国语》；孙子膑脚，《兵法》修列；不韦迁蜀，世传《吕览》；韩非囚秦，《说难》《孤愤》；《诗》三百篇，大抵圣贤发愤之所为作也。

文人和艺术家的命运似乎被下了魔咒，可以惊人传世的佳作与美满富足的生活不能兼得。有人说，对想要摘星星的孩子来说，漂泊是他们的必修课。

悲观地看，写作容易导致穷困；乐观地看，当一个文人难以为生时，其实他在享受生命的赐予。人的生命气象，会在苦难中放大。这大概是"施与"他们苦难的人不会想到的。

古代文人的痛苦多来自不可抵抗的命运，每次权力的交替都伴随着一批人的沉浮荣辱。现代许多文人，看起来则像是主动去寻找痛苦、迎接痛苦，甚至制造痛苦。

没人会想到才华横溢的海子会在自己二十五岁那天，卧轨自杀。两个月前，他还写了洒满阳光味道的《面朝大海，春暖花开》。"从明天起，做一个幸福的人。"在火车压过身体的那一刹那，海子是不是一个幸福的人呢？有人说，是。

"经过精心的天才策划，他在自杀中完成了其最纯粹的生命演说和最后的伟大诗篇，或者说，完成了他的死亡歌谣和死亡绝唱。"把死亡写成诗歌的人，一定是幸福的，幸福得那么残忍、那么孤独。

东坡自矜的"功业"，一定是后人看来光芒万丈的文名？东坡不会不知道自己的名字必将书于丹青、流芳后世。他早已领略过众多崇拜者的热情，就像那位拿肉换东坡手写便条的书法爱好者。

那时东坡在京城做翰林学士，夜里经常在宫中值班。有个人勤于搜求东坡的字，东坡每写一个便条，若东坡的秘书转送给他，他就给秘书十斤羊肉。东坡听说了这件事。一天，秘书说有个朋友的口信需要东坡答复，东坡就口头答复了。秘书第二次又来请求，东坡说："不是已经告诉你了吗？"秘书说："那人一定要一个书面答复。"东坡说："告诉你那位朋友，今日禁屠。"

即使背负罪人的身份，不论走到哪里，东坡所见也都是仰慕的眼光。但总结自己的一生时，他得意的肯定不全是文章盛名。这首东坡困守儋州时寄给"苏门四学士"之一秦观的《千秋岁》中，就有明显的线索。

"旧学终难改。""旧学"非诗词之类的雕虫小技，而是圣人之大道。"平生学道真实意，岂与穷达俱存亡。"作为一个谐趣满腹的文人，东坡是可爱的；作为一个坚守大节的士人，东坡是可敬的。

东坡早年写过一段话：

> 天下有大勇者，猝然临之而不惊，无故加之而不怒，此其所挟持者甚大，而其志甚远也。

胸有大器之人，不会被小节放倒。居无定所、食不果腹、北归无望，算得了什么呢？"四学士"中的另外一个——黄庭坚说：

计东坡之在天下，如太仓之一稊米。至于临大
节而不可夺，则与天地相终始。

孔子说："求仁而得仁，又何怨？"孔子还说过："道
不行，乘桴浮于海。"东坡同样是求仁得仁，同样是"道
不行"，于是也捡起了"乘桴浮于海"归路。但孔子离不开
鲁国，东坡同样离不开北方的那块陆地。那地上，没有奶和
蜜，但承载着他终身的理想。

第五章

快哉明月夜

东坡的江山，不是刘邦、项羽争得头破
血流的江山，而是庄子"曳尾"的地方。
在这里，风景不是权贵的专属，而是属
于每一个心中有日月的人。

1. 爱江山，不爱虚名

行香子·过七里滩（一叶舟轻）

一叶舟轻，双桨鸿惊。水天清、影湛波平。鱼翻藻鉴，鹭点烟汀。过沙溪急，霜溪冷，月溪明。

重重似画，曲曲如屏。算当年、虚老严陵。君臣一梦，今古空名。但远山长，云山乱，晓山青。

许多人热爱东坡，是由于东坡热爱这个世界。经过东坡的眼和笔折射出的世界，常常给人一种绿色的欢欣，而不是枯萎的颓唐。东坡的江山，不是刘邦、项羽争得头破血流的江山，而是庄子"曳尾"的地方。在这里，风景不是权贵的专属，而是属于每一个心中有日月的人。

七里滩，又名七里濑，在今浙江桐庐县严陵山之西，是著名的"严陵八景"之一，长七里，江水从两山夹峙中穿流而过，下与严陵濑相接。濑，沙石上所流之急水也。熙宁六年，在杭州任通判的苏轼，外出巡视富阳、新城诸地，自新城放舟而下，经七里滩、严陵濑。途中有景，景中有典故，自应有新句、新词以配之。

桐庐一带，自古山清水秀。相传，远古时有位隐姓埋名的老人，为济世救民在此采撷草药，探究药性。他结庐桐树下，有问其姓者，则指桐以示之。所以人称"桐君"，此地后来也因此得名"桐庐县"。

耸立如壁的两山，夹着一江春水，水面如镜。水上一只小舟，轻盈如不慎跌落水中的树叶，飘然前行。突然，舟上双桨起舞，小舟翩翩而动，犹如受惊飞起的鸿雁。水面顿时被扰乱，波纹向四方漫延开去。然而相对于整个水面，这船实在是太小了，它试图打破镜面，但很快自己就化成了镜面上的一处点缀。渐渐地，一切和静如初。

此刻，苏轼站在船头，大口呼吸着新鲜的空气，尽情地饱览如画江景，享受着顺水而下的舒畅自由。他的心情像"行香子"词牌的节奏一样，是轻快而明亮的。

与杭州西湖相比，这里的景色少了些雕琢工丽，多了些天然清秀。西湖上常常游人如织，而这里，长长的江面上只飘着这一叶扁舟。山水会不会觉得寂寞？当然不会。山自巍峨，不须攀登者的赞叹；水自清丽，不须玩赏者的吟哦。再者说，这里也不缺有闲、有趣的伴侣。鱼在水草间翻跃，难道不是有意在秀身姿？而在烟雾迷蒙的水边，白鹭时飞时落，轻灵而优雅地触水即离，何逊于欲游无鳍、欲飞无翅的人类？

诗词常常离不开水，诗人也几乎没有一个不爱水的，原因何在？也许是因为水和诗具有同样的特质：不知源流但有形有韵，澄澈清冽而有滋有味。

七里滩上景色是分段的，依次为沙溪、霜溪、月溪，其特点苏轼概括为："沙溪急，霜溪冷，月溪明。"为什么会这样？这个问题其实应该反过来想，不是沙溪碰巧是急的、霜溪碰巧是冷的、月溪碰巧是明的，而是当地人早就发现，这里的水一段湍急、一段冷冽、一段明亮，所以分别将其命名为沙溪、霜溪、月溪。苏轼只是以亲身体验证明了前人取的这三个名字是贴切的而已。

作词虽无定法，但有个不成文的规矩，即上片写景，下片写情。苏轼写完上片却意犹未尽，下片继续写道："重重似画，曲曲如屏"，似乎不多码些字便对不住这层层叠叠的画屏。天工做画屏，一传千万年。世世享用，不枯不竭。让苏轼不禁生发出怀古幽情。

七里滩往下便是严陵濑。"严陵濑"之得名，是因为史上最著名的隐士之一严子陵曾在这里垂钓。严陵即严光，两汉交际时人，字子陵，省称严陵。严子陵成名甚早，史书称"少有高名"，与后来复兴汉室的光武帝刘秀是同学。刘秀称帝后，严子陵非但不去攀附，反而隐姓埋名，悠游于山野林泉之间。

求名者难得名，求隐者难得隐，世事总是这样吊诡。光武帝偏偏认定了这位老同学是个大贤，非把他征召出来做官不可，于是派人到处寻访。几年后终于有了消息，齐国上书说，发现有个人披着羊皮在某地水边钓鱼。光武帝马上派人带着聘礼，备了车子去请，由于严子陵的拒绝，使者接连请了三次。

皇帝甚至亲自写信，言辞恳切地说："朕何敢臣子陵哉。惟此鸿业若涉春冰，辟之疮疮须杖而行。若绮里不少高皇，奈何子陵少朕也。"严子陵不得已出山去了洛阳。

这句话的意思是，不是朕一定要让你臣服于朕，实在是治理天下的担子太重，朕如履薄冰，还望你来帮忙。人在京都心在野。到了京城的严子陵照旧一副傲骨，不肯低就治理天下的冗务，整日高卧不起。皇帝亲自看望，他照睡不误。逼急了他就跟皇帝讲大道理，说当年尧帝让位给巢父、许由，他们不光拒绝，甚至还煞有介事地去清洗被"污染"的耳朵，人各有志，奈何强求？！

有一次，刘秀与严子陵在一张床上睡觉，严子陵丝毫无忌，夜里竟把脚伸到皇帝肚子上。结果第二天负责观察天象的太史报称"客星犯帝座甚急"。

最终，这只野性难驯的麋鹿终于还是回归了荒野，在富春山躬耕垂钓。没过几年，便老死在这儿。后人有诗曰："富春烟雨，一蓑一笠人归隐。"

苏东坡少年时的偶像北宋名臣范仲淹任睦州知州时，在桐庐富春江严陵濑旁建了钓台和子陵祠，并写了一篇《严先生祠堂记》，赞扬他"云山苍苍，江水泱泱，先生之风，山高水长"。严子陵固然高风亮节，但若没有光武帝的优容宏量，也难以想象他会有什么样的下场。因而范仲淹将君臣二人并举："先生之心，出乎日月之上；光武之量，包乎天地之外。微先生不能成光武之大，微光武，岂能遂先生之高哉？"

严子陵辞掉了官职，以布衣终老，但他的名声反而更大了。后来多少真真假假的隐士都打着学习严子陵的旗号，但未必真心出于淡泊名利。唐人韩偓有诗云："时人未会严陵志，不钓鲈鱼只钓名。"

唐代就有一位卢藏用，为了做官而隐居在京城长安附近的终南山。皇帝在长安办公，他就住终南山；皇帝移驾洛阳，他就跟着跑到嵩山隐居。所以他得了一个"随驾隐士"

的诨号。最后他把自己炒作出很大的名声，并成功入朝做了官。"终南捷径"一词便由此而来。

苏轼称严子陵为"虚老"，当然不是讥他隐逸之心不真，而是遗憾他只顾着辞官，而没有领略到山水佳处。爱才心切、故作姿态的帝王和护惜羽毛、坚决不仕的隐士，早已如烟云一样消失，只留下一对空名而已。

苏轼望着群山，只见远山连绵不见尽头，白云缭乱变化万端，晨曦晓色青翠欲滴……只有这水光山色，才是最值得用心的。

2. 遥想公瑾当年

念奴娇·赤壁怀古（大江东去）

大江东去，浪淘尽，千古风流人物。故垒西边，人道是，三国周郎赤壁。乱石穿空，惊涛拍岸，卷起千堆雪。江山如画，一时多少豪杰。

遥想公瑾当年，小乔初嫁了，雄姿英发。羽扇纶巾，谈笑间，樯橹灰飞烟灭。故国神游，多情应笑我，早生华发。人生如梦，一尊还酹江月。

东坡有次问一位善歌的幕士，自己的词和柳永的词相比怎么样？这位幕士没直接说谁优谁劣，而是说："柳郎中词，只好十七八女孩儿执红牙拍板，唱'杨柳岸晓风残月'；学士词，须关西大汉，执铁板，唱'大江东去'。"

东坡是豪放词的开创鼻祖，"大江东去"则是其招牌作品。东坡以雄健的笔力使词脱离"呢喃儿女语"的窠臼，赋予其横槊气概、英雄本色。

避免重字是填词的最基本规则，可这首《念奴娇》中，有三"江"、三"人"、二"国"、二"生"、二"故"、二"如"、二"千"字。但没人会觉得这是缺憾，相反，若东坡刻意避开了重字倒显得呆板了。正如习武一样，内力雄厚之人不必拘泥于一招一式。

赤壁之战，周瑜火烧连营，烧退曹操数十万兵马，保住孙吴千里江山。这大概是历史上最吸引文人目光的一场战斗了。

李白有《咏赤壁》：

二龙争战决雌雄，赤壁楼船扫地空。
烈火张天照云海，周瑜于此破曹公。

杜牧有《赤壁》：

折戟沉沙铁未销，自将磨洗认前朝。
东风不与周郎便，铜雀春深锁二乔。

李白以炽热的情感，驰骋想象，笔酣墨饱地图画出火烧赤壁的壮丽场景。杜牧则是用他一贯开新取巧的手法，以假设的方式，重写周瑜在另一个时空里的命运。

　　战争的历史意义不是诗人关心的对象，否则就不能理解无名无姓的"无定河边骨"为何会反复出现，以及地点模糊的"古战场"为何总也凭吊不完。"一将功成万骨枯"是战争的真实写照，战场上发生的不是羽扇纶巾摇出的飘逸潇洒，而是生存和死亡的残酷抉择，希望和绝望的瞬间转换。

　　"野战格斗死"是多数战士的结局，"败马号鸣向天悲"是最常见的背景音，"乌鸢啄人肠，衔飞上挂枯树枝"并非诗人故作耸人听闻。我们可从李华的《吊古战场文》中一窥其凄惨悲凉：

　　　利镞穿骨，惊沙入面，主客相搏，山川震眩。声折江河，势崩雷电。至若穷阴凝闭，凛冽海隅，积雪没胫，坚冰在须，鸷鸟休巢，征马踟蹰。缯纩无温，堕指裂肤。当此苦寒，天假强胡，凭陵杀气，以相剪屠。径截辎重，横攻士卒。都尉新降，将军覆没。尸踣巨港之岸，血满长城之窟。无贵无贱，同为枯骨。

枯骨无言，唯有哀号的北风在转述遥远的呐喊。远离战争的人会怀念"血色浪漫"，殊不知战场上只有血色，浪漫仅属于遥远的观众。老子说："兵者凶器也，圣人不得已而用之。"可惜太多自以为是圣人的帝王将相，寻找到太多的"不得已"，把一批又一批"春闺梦里人"无情地投去冰冷的无定河边。

　　战争吞噬生命，所以诗人会质疑，"年年战骨埋荒外，空见蒲桃入汉家"。但诗人对战争的态度又是复杂的。因为战争的宏伟瑰丽能到达诗人想象力难以企及的地方，千千万万鲜活的生命燃烧成绚烂的烟火，诗人不仅看到了残忍，也看到了一种极致的美丽。如果时代隔得够远，他们还会有意无意地忽略残忍，只关心美丽。如果战争的主角是风流倜傥的周郎，如果战场是在风景如画的赤壁，诗人便更乐于闭上那只看到真相的眼。

　　所以，备战的紧张、战机的千钧一发、火焰冲天的惨烈，只化成一句轻描淡写的"谈笑间，樯橹灰飞烟灭"。他难道没想到灰飞烟灭的樯橹间有无辜丧命的数十万普通战士？他们也有父有母，有妻有儿。我们要责备东坡视生命如草芥吗？

　　东坡并非不珍视生命的人。主政一方时，他多有爱民之举，僻居黄州，他也热心废除当地的弃婴陋习。如果这样的责备可以成立，那么自称"十步杀一人，千里不留行"的李白岂非罪无可赦？那么"壮志饥餐胡虏肉，笑谈渴饮匈奴血"的岳飞岂非涉嫌反人类？那么，哪个慷慨激昂的边塞诗人不是杀人成瘾的恶魔？

亦凄惨，亦风流，这是战争的两面。凄惨，故诗人反战；风流，故诗人赞美战争。对战争的赞美常是不露痕迹的，诗人把"葡萄美酒夜光杯"端呈上来，"醉卧沙场"给你看，然后若无其事地来一句"古来征战几人回"，征战就像去参加派对一样。你还会把它和刀光剑影的厮杀联系起来吗？

即使出现刀剑也无妨。卢纶《塞下曲》："月黑雁飞高，单于夜遁逃。欲将轻骑逐，大雪满弓刀。"雪夜追敌的行动，未现奔马，未现格斗，弓刀上覆盖了大雪，就显得不像杀人的凶器，而更像一道风景。

除了战争本身释放的魅力之外，建功立业的志向也是促使诗人们忽视战争残忍之处的原因。"了却君王天下事，赢得生前身后名"，不只是辛弃疾的愿望。

东坡在密州打猎时就曾发过"西北望，射天狼"的誓愿。赤壁重游，遥想公瑾当年，字里行间都可以看出东坡是以周瑜自况。对赤壁之战的缅怀，还暗含了东坡对北宋边庭战事的关切。堂堂大宋，竟屡屡败北于蕞尔小国西夏，不能不让人怀念周瑜以少胜多的壮举。

东坡有报效疆场之志，却壮怀难酬。他或许知道，即使有机会，他也没有上场杀敌的本事。东坡是文人的命，终究做不了文武双全的周郎。他意识到了自己的"多情"，意识到了人间如梦。"一尊还酹江月"，东坡洒下的是对周郎梦的不舍。

3. 我欲醉眠芳草

西江月（野照弥弥浅浪）

顷在黄州，春夜行蕲水中，过酒家饮。酒醉，乘月至一溪桥上，解鞍曲肱，醉卧少休。及觉已晓，乱山攒拥，流水锵然，疑非尘世也。书此语桥柱上。

野照弥弥浅浪，横空隐隐层霄。障泥未解玉骢骄，我欲醉眠芳草。

可惜一溪明月，莫教踏碎琼瑶。解鞍欹枕绿杨桥，杜宇一声春晓。

黄州是个闭塞贫瘠的小城，但东坡逐渐在这里过上了神仙般的生活。在田地已然播种，金钱衣食暂时无忧之后，东坡开始享受每一天淡泊而富足的日子。清风明月不用一钱买，诗人敏感的想象把每个闲暇都涂得摇曳生姿。

最让东坡得意的，是这里的野乡村夫并不知道他是大名鼎鼎的苏学士。他放浪山水间，与渔樵杂处，有时被醉汉推得东倒西歪，或遭粗语相骂。东坡非但不生气，反"自喜渐不为人识"。他脱去标志着文人身份的长袍和方巾，改穿农人的短褂子。白天喝醉了，随便找块草地倒下便睡。直到暮色沉沉，好心的路人把他叫醒，才晃晃悠悠地走回家去，边走边唱：

月明兮星稀，迎余往兮饯余归。岁既晏兮草木腓。归来归来兮，黄泥不可以久嬉。

早晨出门，月明星稀，晚上回家，还是月明星稀。星星和月亮，都成了他忠实的伙伴。岁月平静，草木枯萎。乘兴而出，兴尽而归。

东坡有时夜里也出去游玩。这是一个春天的夜晚，风凉如水，东坡兴致突起，一个人夜里骑马去游蕲水。见江边有个酒家，便下马进去喝酒。酒足饭饱出来，看月色明亮，东坡便乘月色来到一座小桥。正待赏月观水，酒力发作，东坡渐觉眼睛发涩，身体摇晃欲坠。于是趁着最后一丝清醒，下马解鞍，曲肱而卧，准备小憩一下。

曲肱，以臂作枕是也。孔子说："饭疏食，饮水，曲肱而枕之，乐亦在其中矣。不义而富且贵，于我如浮云。"《吕氏春秋·慎人》说，上古的得道之人，"穷亦乐，达亦乐。所乐非穷、达也，道得于此，则穷、达一也。"快乐与哀愁，跟显贵与否无关。孔子就是《吕氏春秋》所说的得道之人。孔子本身对生活十分讲究，"食不厌精，脍不厌细"，但如果不能以正当方式获得财富和官位，那么吃粗粮、喝生水、弯起胳膊作枕头，也能让他快乐自在。乐，高于任何物质生活和境遇本身，超乎富贵贫贱之上。曲肱卧于溪桥之上的东坡，来不及想太多便昏昏睡去，用酣酣的梦去实践孔子的快乐法门。

本打算小憩，但一觉醒来，发现已是晓色朦胧。太阳还没出来，但满山的葱茏树木已清晰可辨。回想起昨夜之游，看着眼前的青山，东坡直觉身不在尘世，于是提笔在桥柱上写下这首《西江月》。

岂止东坡自己一觉醒来恍若身在仙境，我读这首词和词前小序时，都不禁拍案叫好，惊为仙人。

"障泥未解玉骢骄"，这里有个典故。障泥是马身上的挂饰，挡泥土用的。晋朝有个叫王济的人，善解马性。有次他骑一匹马，这匹马带着一副很好的障泥。前方有水，这匹马怎么也不肯渡水。王济猜到，马儿一定是爱惜障泥，于是命人解去，马儿就乖乖地渡水而过了。

东坡用浪漫的笔调重塑了醉卧溪桥的记忆。他不说自己不胜酒力，一时困倦便在桥上睡着，而是从一溪明月说起。春来水涨，满满溢溢的蕲水载着一溪明月，煞是玲珑可爱，却也轻薄易碎。东坡生怕马蹄声惊碎了溪中的琼瑶，所以才下马、轻步，干脆在绿杨桥上悄悄地睡去了。只有睡去，才不打扰夜的美好和宁静。

东坡在黄州的行迹越来越像流浪汉了，随处而醉，随处而眠。但流浪汉最在乎的不是美酒佳肴，而是前方的风景。风雨也罢，颠簸也罢，只要有远方，他们就有前进的动力。溪水明月对东坡的吸引，当不异于三毛梦里的橄榄树：

> 不要问我从哪里来，
> 我的故乡在远方。
> 为什么流浪，流浪远方，流浪……
> 为了天空飞翔的小鸟，
> 为了山间轻流的小溪，
> 为了宽阔的草原，
> 流浪远方，流浪……

还有还有，

为了梦中的橄榄树，

橄榄树，

不要问我从哪里来，

我的故乡在远方，

为什么流浪？为什么流浪远方？

为了我梦中的橄榄树。

生命的意义在远方。东坡没有像三毛一样去国远游，他一直被放逐在自己的祖国。命运给予他的是流放，他却一次次把流放演绎成流浪。流放与流浪一字之差，但意义迥别。流放是被抛弃，被驱逐，发布命令的人不仅要折磨流放者的肉体，更想看到流放者气息奄奄、摇尾乞怜的模样。流浪则是主动追寻，不追寻名利，不渴望宽恕，只跟随心的指引，去看陌生的风景，去嗅新鲜的草木，去品他乡的泉水。

在世的华语作者群里，最懂流浪也最懂流浪汉的，非台湾人舒国治莫属。舒国治本身就是一个流浪汉，曾在美国的公路上独自浪迹七年。回到台北后，他不做朝九晚五的工作，始终依着自己的节奏，自在闲适地喝茶、吃饭、睡觉、走路。人称"城市的晃游者"。

舒国治写过一篇《流浪的艺术》，他说："纯粹的流浪，即使有能花的钱，也不花。"他写起走路来真是内行："享受走路。不让自己轻易走累：姿态端直，轻步松肩，一边看令人激动的景，却一边呼吸平匀，不让自己高兴得加倍使身体累乏。""走路。走一阵，停下来，站定不动，抬头看。再退后几步，再抬头，这时或许看得较清楚些。"

古人说贫而乐，孔子夸颜回"一箪食一瓢饮，不改其乐"，舒国治却说："放下这些修身念头，到外头走走，到外头站站，或许于平日心念太多之人，更好。"难道不是吗？走路，是人在宇宙中最不受羁绊的事，爱走走，爱停停，你可以用尽所有的姿势。穷途而哭的阮籍，如果每次出游不是驾车，而是走路，大概会少几分伤恸。

再引一句舒国治文章里的话："野荒伫久亦是家。心在哪里，家便在哪里。"于东坡，于三毛，于舒国治，于你，于我，都是如此。

4. 快哉亭上快哉风

水调歌头·快哉亭作（落日绣帘卷）

落日绣帘卷，亭下水连空。知君为我，新作窗户湿青红。长记平山堂上，欹枕江南烟雨，渺渺没孤鸿。认得醉翁语，山色有无中。

一千顷，都镜净，倒碧峰。忽然浪起，掀舞一叶白头翁。堪笑兰台公子，未解庄生天籁，刚道有雌雄。一点浩然气，千里快哉风。

风，起于青萍之末，游于四野八荒。在春夏秋冬，风各有其态，或柔顺如水，或力拔山河，或如泣如诉，或奔腾怒吼，或萧瑟凄凉，或缠绵流畅。它可以极微细，也可以极恢宏，就像一个变化万端的精灵，让人总是难以捉摸。

第一个为风作赋的是宋玉，在《风赋》中他把风分为"雌""雄"二道。

雄风属于君王。在大地上形成，侵入山谷，在山洞口怒号。沿着大山前进，在松柏之下狂舞乱奔。它跨越高高的城墙，进入深宫内宅。它吹拂花木，传散着郁郁的清香，它徘徊在桂树椒树之间，回旋在湍流急水之上。然后悠闲自在地在庭院中漫游，飘进宫殿中的帐幔。这样的雄风清凉爽快，足以治愈疾病，解除醉态，使人耳聪目明。

雌风属于庶人。在闭塞不通的小巷里忽然刮起，接着扬起尘土。风沙回旋翻滚，穿过孔隙，侵入门户，刮起沙砾，吹散冷灰，搅起肮脏污浊的东西，散发腐败霉烂的臭味。这样的雌风吹进贫寒人家，只会使人心烦意乱，气闷郁抑。它还带来邪气和疾病。

君与民如天地悬隔，连风的情状都如此迥异。雄风带来的是无与伦比的享受，而雌风带来的是欲哭无泪的灾殃。宋玉不是溜须拍马的无耻文人，他盛赞大王雄风，力贬庶人雌风，实为托言讽谏。但这种劝百讽一的做法，绕的圈子太大，往往把最初的目的绕丢了。楚王只会陶醉于雄风的自在中，怎会费神关心雌风肆虐的人间疾苦？

其实把风分为雌雄未尝不可，但雌雄不一定非要以君王和庶人来分。东坡的"千里快哉风"就是一股雄风，是不得意之人的得意之风。

快哉亭在黄州城南江滨，主人是张怀民。张怀民，字梦得，宋神宗元丰六年被贬到黄州，是一个步东坡后尘的官场落魄人。到黄州之后，张怀民与东坡结识，两个天涯沦落人相晤甚欢。怀民筑亭，东坡命名为"快哉亭"。东坡的弟弟苏辙专门作了《黄州快哉亭记》。

长江出了西陵峡之后才到平地，其流"奔放肆大"，然后南合湘沅，北合汉沔，"其势益张"。到了赤壁，"波流浸灌"，像大海一般。快哉亭建在此处的江边，颇得长江气势。在亭子里，南北可望百里，东西可望三十里。

江上的景色"涛澜汹涌，风云开阖"。白天有舟楫出没于亭前，夜晚则鱼龙悲啸于亭下。变化倏忽，动心骇目，常人难以久视。

自然景物，西望有武昌诸山，冈峦起伏，草木葱茏。早晨，随着日出，烟雾渐渐消散，渔夫、樵夫的家舍现出清晰的模样，历历可数。历史古胜，这里又是三国赤壁的旧战场，曹孟德、周公瑾激战的硝烟化成了夕阳下摇动的金黄波浪。从古到今，每一道风景都在等待品尝。

以身份而论，东坡和张怀民都是范仲淹笔下的"迁客"。《岳阳楼记》记了得意之人和失意之人在登同一座楼时的不同反应。这些去国怀乡的贬谪之人，在登楼望江时，常常见到"淫雨霏霏，连月不开，阴风怒号，浊浪排空"，则"忧谗畏讥，满目萧然，感极而悲"。

但东坡与张怀民却毫无悲色，反而在快哉亭指点江山，畅谈畅饮，高呼快哉！他们不以谪居为患，甚至不将自己当作到处不招人待见的逐客，大有不以为耻反以为荣之气概。他们的"快哉"对后人是一种启迪：人只要自得、坦然，无处不是快哉亭，无处没有快哉风。

吹同样的风，不是每个人都觉得"快哉"。东坡能乘此快风，乃因胸中的浩然之气。

"浩然气"原是孟子最早发现的。别人问孟子，你的长处是什么？孟子答："我善养吾浩然之气。"浩然之气不容易讲清楚，孟子也只说了大概：它充满在天地之间，是一种十分浩大、十分刚强的气。这种气是正义和道德日积月累形成的，反之，如果没有正义和道德存储其中，它也就消退无力了。

和孟子一样，东坡也生性好辩，其实东坡从孟子身上继承的更重要的东西是浩然之气。就像孟子说的"予岂好辩哉？吾不得已也"，东坡也不是为辩而辩，而是为了维护心中的正义。一个人有了浩然之气，才能做到"富贵不能淫，贫贱不能移，威武不能屈"，才能"先天下之忧而忧，后天下之乐而乐"。

快哉亭还让东坡想到了平山堂，想到了恩师欧阳修和醉翁的词句。师者，传道、授业、解惑者也。孟子是东坡的隔世之师，他传了浩然之气给东坡。醉翁先是东坡的伯乐，后是东坡的恩师。生前，醉翁将东坡推介给世人，将文坛托付给东坡，仙去之后他的磊落之气、铮铮铁骨仍然环绕在东坡周遭。快哉亭上的快哉风，也有醉翁一份。

　　风有没有雌雄之分其实不重要。东坡说过，"耳得之而为声，目遇之而成色"，有什么样的耳朵，便有什么样的风声，有什么眼睛，便有什么样的风景。胸有浩然气，自有快哉风。

5. 谁道人生难再少

浣溪沙（山下兰芽短浸溪）

游蕲水清泉寺，寺临兰溪，溪水西流。

山下兰芽短浸溪，松间沙路净无泥，潇潇暮雨子规啼。

谁道人生无再少？门前流水尚能西！休将白发唱黄鸡。

人们常说"花有重开日，人无再少年。"虽有劝人惜时奋进的意思，但更深处是对宇宙规律的无可奈何。东坡在蕲水清泉寺旁看到西流的溪水，遂发"人生再少年"的慷慨陈言。在仔细阅读之前，我们先来了解这首词的来历。

这首轻快得意的词，缘于一次病愈之后的出游，东坡后来把它写入了自己的笔记《东坡志林》，即《游沙湖》。

沙湖在黄州东南三十里，亦名"螺师店"，也许当地盛产螺蛳。东坡欲在此处买田，却在前往相田的途中得了病。他听说附近麻桥有个叫庞安常的良医，于是前往医治。庞安常是个聋子，但医术高超，东坡初一接触就发现他"颖悟绝人"。两人靠写字交流，东坡还没写几个字，庞安常就明白了他要说什么。东坡跟他开玩笑说："余以手为口，君以眼为耳，皆一时异人也。"

病好之后，东坡与庞安常同游清泉寺。寺里有泉，水极甘甜，相传王羲之曾在此洗笔。清泉寺下临兰溪，与一般的河流相反，兰溪之水竟向西流。东坡于是作歌：山下兰芽短浸溪……这次出游以"剧饮而归"结束。闲话一句：这么和谐的医患关系，不知是今天的医生更羡慕，还是患者更羡慕？

时光不可倒流是一个残酷的宇宙定律。孔夫子说："逝者如斯夫，不舍昼夜。"而对这一规律最冷血的表述是：从长远来看，每个人都是死人。

人的命运就像一年生植物，只能经历一次春夏秋冬。春有百花秋有月，夏有凉风冬有雪。时间的列车匆匆而过，如果错过了哪个季节的风景，再回首也是徒劳。以植物比人生并不罕见，汉代就有乐府诗《长歌行》：

> 青青园中葵，朝露待日晞。
>
> 阳春布德泽，万物生光辉。
>
> 常恐秋节至，焜黄华叶衰。
>
> 百川东到海，何时复西归？
>
> 少壮不努力，老大徒伤悲。

　　既然生命只有一次，那么这宝贵的一生该怎样度过呢？保尔·柯察金的答案回响在耳畔："人的一生应该这样度过：当他回首往事的时候，不因虚度年华而悔恨，也不因碌碌无为而羞愧。这样在他临死的时候，他就能够说：'我已经把我的整个生命和全部精力，都献给了这个世界上最壮丽的事业——为了人类的解放而斗争。'"

　　意义源于有限。一个人如果真能长生不老，他收获的或许不是满足，而是漫无尽头的孤寂和虚无。就像李商隐诗中的嫦娥："嫦娥应悔偷灵药，碧海青天夜夜心。"不过以人生有限来励志是更常见的主题。

　　"燕子去了，有再来的时候；杨柳枯了，有再青的时候；桃花谢了，有再开的时候。但是……我们的日子为什么一去不复返呢？"朱自清曾如是问。

……日子已经从我手中溜去，像针尖上一滴水滴在大海里，我的日子滴在时间的流里，没有声音，也没有影子。……洗手的时候，日子从水盆里过去；吃饭的时候，日子从饭碗里过去；默默时，便从凝然的双眼前过去。我觉察他去的匆匆了，伸出手遮挽时，他又从遮挽着的手边过去，天黑时，我躺在床上，他便伶伶俐俐地从我身上跨过，从我脚边飞去了。等我睁开眼和太阳再见，这算又溜走了一日。我掩着面叹息，但是新来的日子的影儿又开始在叹息里闪过了。

　　每个细心生活的人，都会有这样的苦恼和无助。你伸手挽留，日子不会留步，只会从你伸出的手边溜走；你扼腕叹息，日子不会停止，只会从你的叹息中闪过。时间就像手中沙子，握得越紧，流失得越快。所以达观者不会把时间浪费在感叹时间的无情上。

　　"白发""黄鸡"是人们惯用的比喻，来形容世事匆促，光景催年。东坡也曾化用乐天诗，吟过"黄鸡催晓不须愁，老尽世人非我独"。但困居黄州的东坡，却反其意而用之。"谁道人生无再少？""休将白发唱黄鸡！"他的勇气来自反常规向西流的兰溪。

这道溪水还在东坡的一首诗中留下了身影：

> 江边身世两悠悠，久与沧波共白头。
>
> 造物亦知人易老，故致江水向西流。

造物主仿佛知道人们容易感慨人生易老，所以特令此处江水西流，给无助的人打气、鼓劲。但并非每个人都能如此理解造物主的"良苦用心"。东坡的乐观来自他对把握不定的前途始终持有希望和追求。承认人生的实质是悲哀，又处处力求超越，不受局限。东坡在与生命规律的斗争中，迸发出无穷的活力。

6. 人间有味是清欢

浣溪沙（细雨斜风作晓寒）

元丰七年十二月二十四日，从泗州刘倩叔游南山。

细雨斜风作晓寒，淡烟疏柳媚晴滩。入淮清洛渐漫漫。

雪来乳花浮午盏，蓼茸蒿笋试春盘。人间有味是清欢。

元丰七年（1084），一个偶然的小事改变了北宋的政治局势，也扭转了苏轼的命运。从去年到今年三月，久旱不雨，赤地千里，饥民扶老携幼，流离失所。一个名叫郑侠的皇宫门吏，见到成群的流民塞满了京城的街道。和许多人一样，他知道这不仅是天灾更是人祸，是王安石的新法把百姓害得如此悲惨。没有人敢跟皇帝讲，因为变法派把持着各处言路，上书只会给自己招来灾祸。

郑侠想到另一个上书的方法，他把灾民忍饥挨饿的情状画成《流民图》，呈献给神宗皇帝。其中一幅图上画的是农民裸露着身体，忍受着饥饿，在狂风暴雨里，在大路上挣扎跋涉。另一幅上画着半裸的男女在啃食草根树皮，还有人戴着铁链，扛着瓦砖薪柴去卖了缴税。

无言的图画比煽情的奏章更有感染力。神宗皇帝看后落下眼泪，开始对新法产生动摇，逐步废止了多项新法。皇帝进而意识到，过去对旧党惩罚太重，要把旧党人才召回。

在这样的背景下，在黄州躬耕的苏轼接到皇帝手札，命迁汝州团练副使。虽是平级调动，但却标志着政治气候的转机。再加上皇帝手札中有"人材实难，不忍终弃"之语，苏轼仿佛嗅到自己的蛰居生涯已接近尾声。所以在离黄赴汝途中，他步伐轻快、心情舒畅。

久在樊笼里，复得返自然。一路上东坡颇事访游。先畅游庐山，又去江西探视了子由，到金陵又与致仕家居的王安石酬唱累日。这年岁末，东坡来到泗州时盘缠费尽，即上书朝廷，请罢汝州职，回宜兴修养。在这里，他与友人一起游了南山。

南山的山势并不雄奇，没有"一夫当关万夫莫开"的天险。这里的景致也不绚丽。斜风细雨，何处没有？淡烟疏柳，不过尔尔。清洛漫漫，怎敌万里长江，惊涛拍岸？但东坡娓娓道来，轻挑细拢的，用普通无奇的风景，烹出一桌可餐秀色。

不争胜，不斗巧，但难能可贵的是——有味。什么是有味，东坡自己最清楚。他说达者和不达者沟通，就像有舌头的人向没舌头的人解释什么是味道。如果问蜜是什么样子的，可以答蜜是甜的。如果再问甜是什么样子的，就没办法回答了。

有舌头的人，自然知道什么是味道。没舌头的人，再怎么解释他也理解不了。在达与不达之间，知味与不知味之间，有一道天然的鸿沟。在这里，勤不能补拙。东坡在《日喻》一文中，打过一个类似的比方。

> 生而眇者不识日，问之有目者。或告之曰："日之状如铜盘。"扣盘而得其声，他日闻钟，以为日也。或告之曰："日之光如烛。"扪烛而得其形，他日揣龠，以为日也。

生下来就双目失明的人不认识太阳，问有眼睛的人太阳是什么样子。有人告诉他："太阳的样子像铜盘。"于是他敲响铜盘，听到了它的声音。有一天他听到与铜盘声相近的钟声，于是就把钟当作太阳。有的人告诉他说："太阳的光像蜡烛。"他便用手摸蜡烛，记住了它的形状。有一天，他抚摸一支形状像蜡烛的乐器龠，又把它当作太阳。

"酸甜苦辣咸"都是味，但最让人回味不已的却是清淡的味道。清淡和味道，像一对反义词，其实清淡是所有味道的糅合与归宿。好比苦和乐都不可长久，苦乐过后的清欢才是最值得品咂的。

早在密州做太守时，东坡在《超然台记》就写道："凡物皆有可观。苟有可观皆有可乐，非必怪奇玮丽者也。哺糟啜漓皆可以醉，果蔬草木皆可以饱。""无往而不乐者，盖游于物之外也。"游于物外，不凝滞、不苛求，自然无往而不乐。

东坡还写过一篇文章说"苦与乐"：

> 乐事可慕，苦事可畏，皆是未至时心尔。及苦乐既至，以身履之，求畏慕者初不可得，况既过之后，复有何物比之，寻声捕影，系风迹梦尔……

两千多年前的一天，孔夫子曾经问起学生们的志向，众弟子纷纷说欲做王侯将相，治国牧民、复兴礼乐。只有曾点说："我向往一个场景：暮春时节，春装做好了，和五六个青年，六七个少年，在沂水边洗澡游泳，在祭坛下乘凉，唱着歌回家。"孔夫子喟然长叹一声，说："我与曾点一道去吧。"

一千多年前的一天，东坡和好友到郊外去玩，在南山喝了浮着雪沫乳花的午茶，配着春日山野里的蓼菜、茼蒿、新笋，不由发出赞叹："人间有味是清欢"。

东坡与夫子，都是深谙清欢之味的达者。"清欢"可以理解成"清淡的欢愉"，但又不完全如此。我们不知道它是什么，但我们知道它不是什么。

它不是李白"人生在世不称意，明朝散发弄扁舟"那样的自我放逐；它不是杜甫的"人生有情泪沾臆，江水江花岂终极"这样的悲痛；它不是纳兰容若"情到多时情转薄，而今真个悔多情"的无奈哀伤；它也不是王国维"人生只似风前絮，欢也零星，悲也零星，都作连江点点萍！"这种刻骨感触。

清欢是什么味道？引用东坡的比喻：有舌人自知。

人间有味是清欢，不独美食、风景与人生，文字亦然。毛姆说：写得简单和写得好一样难。董桥对此深有感触，所以他要写得淡、再淡一些。晚年的他对自己的写作提出最严格的要求：情节要淡，情味要浓，记忆要远，况味要近。不写一株老树，只写树上几片绿叶，不写山中草药，只写云兴霞蔚。

第六章

青山留不住

东坡与陶渊明不同，他即使身处田园，
也留了一只脚在他热爱的人间。所以他
永远也做不了纯粹的隐士。

1. 归去青山不易得

浣溪沙（徐邈能中酒圣贤）

徐邈能中酒圣贤，刘伶席地幕青天。潘郎白璧
为谁连。

无可奈何新白发，不如归去旧青山。恨无人借
买山钱。

达则兼济天下，穷则独善其身；出则儒，入则道；进则
治国经邦，退则修身齐家。在庙堂与江湖之间，士人不断
寻找抉择着自己的位置。苏轼一生中，嘴边一直挂着"归
去""田园""青山"，但这大概是最早的一次。为何人方
年少气盛，出仕未到几年，他却念叨起"旧青山"来？

熙宁五年（1072）苏轼作此词于杭州。朋友在来信中也

劝他"诗酒自娱",言外之意便是远离政治,独善其身。他在诗中流露"已有归蜀计"。他想要离开政争繁炽的帝国核心地带,回到宁静的蜀地故乡。

故事要从头说起。

宋神宗熙宁二年（1069）,苏轼葬了父亲和发妻王弗,结束了丁忧,带着新婚的妻子和弟弟返回京师。这一年注定要记入史册,因为这是王安石新政开始的时间。从此华夏大地被卷入以"变法"为中心话题的汹涌政潮中,直到北宋灭亡,王安石、司马光、苏轼等人的命运都随着这股大潮跌宕翻滚。

这些当年呼风唤雨的大人物,在千年之后的小人物如你我之辈看来,竟都成了大风浪中的扁舟一叶,他们口口声声要拯救江山社稷,更多时候却在为自我的沉浮而挣扎。

面对承平百年积累下的弊端,新即位的神宗励精图治却求治过急,正好碰到了极坚定而极自负的理性主义者王安石。一个欲做千古明君,一个欲做古今能臣,自然一拍即合。谁也没有料到,皇帝为支持新法,竟不惜与满朝文武为敌。谁反对新法,皇帝立马将他罢黜。苏轼回京之后的两年中,稳重的老臣如韩琦、欧阳修、文彦博纷纷离朝。

神宗野心勃勃,王安石气势日张,司马光在给皇帝的奏折中说:

安石以为贤则贤，以为愚则愚；以为是则是，以为非则非。谄附安石者，谓之忠良；攻难安石者，谓之缠愚。

恰在此时，苏轼跳了出来，他以一篇《上神宗皇帝万言书》毅然站在变法大潮的对立面上。此时变法已有雷霆万钧之势，苏轼难道不懂皇帝的意志、王安石一派的手段？当然不会。明知螳臂当车，苏轼仍然要做此"不智之举"。

在万言书中，苏轼毫不客气，极言新法之不便，直斥王安石"造端宏大，民实惊疑；创法新奇，吏皆惶惑"，"物议沸腾，怨仇交至"。苏轼甚至说，因推行新政，皇帝已失去民心，皇帝和当权者已不为清议所容。

苏轼或许希望以痛快笔墨浇醒陷于迷雾中的君王。

但很不幸，上书之后石沉大海。他却并不打算罢休。苏轼在神宗熙宁四年任告院权开封府推官，在任期间，他出了一道乡试考题《论独断》，全题是：晋武平吴，以独断而亡；齐小白专任管仲而罢；燕哙专任子之而败。事同而功异，何也？这哪里是考题，分明是向"当代独夫"王安石下的战书。

王安石被激怒了。他手下的那群宵小对苏轼咬牙切齿，开始捏造事端，构陷这位不知天高地厚的书生。一个流言悄悄地在京师传播开来，说苏轼在运送父亲灵柩回四川时，曾滥用官家的兵士，并购买家具瓷器，甚至偷运私盐从中牟利。

朝廷的调查人员奔向苏氏兄弟运灵经过的各省，流言没有被证实，但皇帝对他的信任大打折扣。司马光离开京都前，皇帝对他说："好像苏轼人品欠佳，卿对他评价过高了。"在那个生杀予夺出自一人的时代，这是十分危险的征兆。苏轼不敢继续待在"暴风眼"了，于是恳请外放。

在苏轼收拾行囊准备赴任杭州的时候，司马光也退回洛阳，安心去修他的史书。变法派完胜，反对派惨败，朝堂上死一般的安静，再也听不到反对之声。

此时再读苏洵当年写的《辨奸论》，方知老苏的先见之明。

那是苏、王两家交恶的开始。当年王安石尚居卑位，但以其文章、才干和不拘小节的生活作风赢得许多人的青睐。史书这样说王安石："性不好华腴，自奉至俭，或衣垢不浣，面垢不洗。"衣服不洗也就罢了，脸也不洗。

许多人以这种"不近人情"的风格推崇王安石为名士，仿佛魏晋诸贤转世。但苏洵却预言此人将误天下苍生。在《辨奸论》一文中，苏洵形容王安石为"衣臣虏之衣，食犬彘之食，囚首丧面而谈诗书"，说他"阴贼险狠，与人异趣"，并断言"凡事之不近人情者，鲜不为大奸慝"。

昔日苏洵言之谆谆，众人却听之邈邈。而今"大奸"已成气候，大祸正在酝酿。一切为时已晚。西湖畔的苏轼，在听风弄雨之际，只好无奈地感叹"不如归去旧青山"。

但苏轼真的准备远离尘世，潜心归隐了吗？若是如此，为什么几年之后会发生乌台诗案？为什么苏轼得了"毁谤新法"的罪名？

从杭州开始，苏轼任地方官达八年之久，京城的城门都对他关闭了，但这几年间，苏轼完成了一个关心民瘼、果决任事的良吏形象。在杭州赈济灾荒，在密州抗击蝗灾，在徐州抵御洪灾。百无一用是书生，苏轼除外。同时他并未忘怀国事，诗词中对新法的议论从未间断。

在政治舞台上的第一幕，苏轼就扮演了失败者的角色，这无疑会令这颗众人瞩目的新星受到打击。但一时的失意不会把一个人变成失望之人。苏轼身退了不假，消极了不假，但并未在命运帐前举白旗。人生如弦上之箭，一旦射出便无后退余地，何况这是一支决绝、勇敢的箭。归去岂易得？

2. 使君原是务农人

浣溪沙·徐门石潭谢雨，道上作五首

照日深红暖见鱼，连溪绿暗晚藏乌。

黄童白叟聚睢盱。

麋鹿逢人虽未惯，猿猱闻鼓不须呼。

归家说与采桑姑。

旋抹红妆看使君，三三五五棘篱门。

相挨踏破茜罗裙。

老幼扶携收麦社，乌鸢翔舞赛神村。

道逢醉叟卧黄昏。

麻叶层层苘叶光，谁家煮茧一村香。

隔篱娇语络丝娘。

垂白杖藜抬醉眼，捋青捣麨软饥肠。

问言豆叶几时黄。

簌簌衣巾落枣花，村南村北响缫车。

牛衣古柳卖黄瓜。

酒困路长惟欲睡，日高人渴漫思茶。

敲门试问野人家。

软草平莎过雨新，轻沙走马路无尘。

何时收拾耦耕身。

日暖桑麻光似泼，风来蒿艾气如薰。

使君元是此中人。

苏轼仿佛一生都在求雨。

在陕西凤翔，天大旱，他去太白山祭山神、祈雨。

在山东密州，天大旱，他率众去常山求雨。

元丰元年，苏轼在徐州做知州，是年春，徐州大旱。苏
轼照例率部属前往徐州城东二十里的石潭为民求雨。

苏轼每次求雨都比较准，因为我们总能看到得雨之后他

去谢神的记载。这次徐州求雨也不例外，不久甘霖普降，旱情解除，苏轼照例前往石潭谢雨。归来途中，这组《浣溪沙》乡村风景画问世了。

这次徐州旱情原本十分严重，苏轼有诗云："东方久旱千里赤，三月行人口生土。"所以天神应求降雨之后，身为一州长官的苏轼十分喜悦，与百姓的心情无二。苏轼是一个爱民之官，这点毫无疑问。在凤翔府，他上书朝廷呼吁免除百姓欠官府的债务；在扬州，他停办芍药万花会，以免官员借机搜刮民脂民膏；他自掏腰包，用五十两金补助公库，在城中设置病坊，取名安乐坊，以和尚当主持，两三年之间，医好上千人。凡此种种，不胜枚举。

但如果仅以"爱民"来形容苏轼，却又显得不够贴切。因为与一般官员不同，苏轼的出发点不是政绩和仕途，而是内心深处对百姓的同情。他不会以官民二分法来看待百姓，而是把自己当成他们中的一员，不邀宠求进，也不假隐钓誉，只是与百姓同忧同喜。

若没有这份同情心，这组田园风光词也不会如此清新活泼、生机盎然。以往诗词中出现的农村景象，要么辛酸悲苦如杜甫的"三吏"，要么过于隐秘浪漫如王维的"人闲桂花落，夜静春山空"，像苏轼这样立足乡村的白描手法，之前大概只有陶渊明用过。这样的词却是最动人的，无他，只因

"使君元是此中人"。

这组词是因谢雨而起，却没有一处直写谢雨之事，但全词无往而非喜雨、谢雨的情事。以第一首为例，出场的有石潭中的鱼、不见踪影只闻啼噪的乌鸦、不惯行人的麋鹿、听到鼓声的猿猱，还有黄发的小儿、白发的老人、隐而未见的采桑姑。通篇看来，全是对风土人情的随意点染。但如果再想一下，黄童白叟开心地聚在一起，所为何事？与麋鹿相逢的又是何许人？猿猱听到的又是哪里的鼓声？人们回家跟采桑姑诉说的又是什么故事？答案当然都是：随太守而来的盛大而喜庆的谢雨仪式。

到了第二首，场景就要热烈多了。太守出城谢雨的消息传遍村庄，姑娘们才不会因"弄妆梳洗迟"错过围观太守的机会，她们"旋抹红妆"就出了门。由于对太守的风采好奇心切，三三两两聚在左邻右舍门前观看。围观者的心情不难理解，毕竟这位太守是"名为天下重"的才子。被围观者记载这次经历的语气才更值得注意，仿佛能看见苏轼淡定自若的步伐和微微扬起的嘴角。

时值初夏，麻叶层层，正是春蚕已老，茧子丰收的时节。谁家在煮茧？香气飘满整个村子。缫丝姑娘们娇媚悦耳的谈笑声阵阵传来。苏轼心知，这些女郎肯定是隔着篱墙说话。因为江南养蚕的人家有个禁忌，蚕时不得到别家串门。

苏轼走进一家农户，一位老人正在捋青捣䴬。太守自然地跟他话起家常，问今年的豆子什么时候熟啊？

周汝昌说，苏东坡这组词"唯以最寻常最普通最不'值得'入咏的景物风光写之为词，此真奇为之奇"。谁说不是呢，千古未有之奇境，正在不奇之中。

太守及随从继续前行。花落行人衣上，有簌簌之声，唯枣花有此声效。簌簌声旋即被嘈嘈风雨声盖过，何物？缫车。再行，天热，寻柳荫，却见树下早有身穿牛衣之人在摆摊卖黄瓜。酒困，路遥，人倦。太阳高照，口渴，无茶。怎么办？此时方知，农野之家远胜名士洞府，于是去路边的人家叩门讨茶。

写到第五首，终于切到谢雨的正题。久旱初雨，软草平莎全部洗净。沙路无尘，马蹄轻快。马上之人，心情可想而知。畅快之余，归隐田园的念头又在东坡心中荡漾起来："何时收拾耦耕身？"他还是没有下定决心。于是继续走马观光：阳光明媚，桑麻欣欣向荣，光泽鲜亮宛然若"泼"；暖风袭人，挟带着蒿艾的熏香。这大概是傍晚吧。

苏轼真有一种回到家乡的感觉：我本来就是村中人，若非世代务农，又怎会如此了解乡野之乐？苏轼《题陶渊明诗》云："非余之世农，亦不能识此语之妙也"，可为佐证。

作为一个官员，苏轼一直为农民"鼓与呼"。涝灾发生时他写："蚕欲老，麦半黄，前山后山雨浪浪。农夫辍耒女废筐，白衣仙人在高堂。"差役沉重时他写："盐事星火急，谁能恤农耕？……人如鸭与猪，投泥相溅惊。"盐法严苛，村民吃不起盐，他写："老翁七十自腰镰，惭愧春山笋蕨甜。岂是闻韶解忘味？尔来三月食无盐。"

作为一个诗人，苏轼的审美对象也是农民和农村。苏轼说："我本麋鹿性，谅非伏辕姿。"在心底里他与面朝黄土背朝天的农民是一体的，农民沐浴天地的恩泽，也承受天地施与的痛楚，他们食己之力，不窃，不夺，在苏轼心里，他们才是更高贵、更自由的人群。

3. 走遍人间，依旧却躬耕

江城子（梦中了了醉中醒）

陶渊明以正月五日游斜川，临流班坐，顾瞻南阜，爱曾城之独秀，乃作《斜川》诗，至今使人想见其处。元丰壬戌之春，余躬耕于东坡，筑雪堂居之。南挹四望亭之后丘，西控北山之微泉，慨然而叹，此亦斜川之游也。乃作长短句，以《江城子》歌之。

梦中了了醉中醒，只渊明，是前生。走遍人间，依旧却躬耕。昨夜东坡春雨足，乌鹊喜，报新晴。

雪堂西畔暗泉鸣，北山倾，小溪横。南望亭丘，孤秀耸曾城。都是斜川当日境，吾老矣，寄余龄。

苏轼以"东坡"名后世。东坡是苏轼在黄州的躬耕之地，其由来与闲情雅致无干，而是为了解决最基本的生存问题。一块为填饱肚子而开辟出来的荒地，经苏轼的"垦殖"，最后竟成了最负盛名的诗意栖居之所。

苏轼是元丰三年二月来到黄州的，最初住在定惠院僧舍。"布衣蔬食，随僧一餐"，倒也简便。五月份苏辙护送家眷到来，苏轼的日子就不好过了。由于太守的照顾，全家得以在临皋亭借住，但衣食之忧随之而来。黄州团练副使虽然也是个芝麻官，但苏轼已领不到俸禄。再加上向来不善经营，苏轼的所有积蓄仅够一年之用。

在给门生秦少游的信中，苏轼讲述了他的"节财小窍门"：

> 日用不得过百五十，每月朔（初一）便取四千五百钱，断为三十块，挂屋梁上，平旦用画叉挑取一块，即藏去叉，仍以大竹筒别贮用不尽者，以待宾客。……度囊中尚可支一岁有余，至时别作经画。

他颇会宽慰自己："口腹之欲，何穷之有，每加节俭，亦是惜福延寿之道。"但一年之后积蓄耗尽，该作什么"经画"呢？苏轼没有交代。我们只知道，趁这一年无忧，苏轼时常布衣芒鞋而出，与渔樵为伍。有时候以拿弹弓击打江水为乐；有时候泛舟江上，漂到哪里算哪里。游得兴起，甚至过了郡界，数日不返，让负责监视他的地方官十分头疼。

逍遥的日子如箭飞逝，到了第二年，苏轼就不得不面对囊中羞涩的困境了。

在这时，长期追随他的穷书生马正卿替他向官府请得一块数十亩的旧营地。地在黄州城东的山坡上，故名东坡。东坡不是肥美的沃野，而是荒芜已久的"茨棘瓦砾之场"。这年恰逢大旱，垦辟之劳让苏轼筋力殆尽。但对来年丰收的期望，使所有劳作之苦都有了意义。

把东坡的荒地垦辟成良田之后，苏轼又在坡上建造了一座房屋。这年冬天黄州大雪数尺，十二月二日微雪，至二十五日大雪始晴。新居是在大雪中建成的，之后苏轼又展丹青妙手在房屋四壁上绘满雪景，故名此堂为雪堂。

元丰五年初春，苏轼躬耕于东坡，居住于雪堂。地是自辟，堂是自建，又逢春雨下足、丰收有望，苏轼站在堂前怡然四望。南瞰有超拔挺立的四望亭，西望有潺潺流淌的微泉。出神之际，苏轼仿佛置身陶渊明斜川之游的队伍里。

晋安帝义熙十年（414），陶渊明五十岁。正月初五，天气澄和，风物娴美，陶渊明与二三邻里同游斜川，作诗《游斜川》。

陶渊明的诗"质而实绮，癯而实腴"（苏轼语），平白如话：

> 临长流，望曾城。鲂鲤跃鳞于将夕，水鸥乘和以翻飞。……欣对不足，率共赋诗。悲日月之遂往，悼年岁之不留。

> 开岁倏五十，吾生行归休。念之动中怀，及辰为兹游。气和天惟澄，班坐依远流。弱湍驰文鲂，闲谷矫鸣鸥。……未知从今去，当复如此不！中觞纵遥情，忘彼千载忧。且极今朝乐，明日非所求。

陶渊明诗中几乎篇篇有酒，人们知其爱酒，但未必懂得他的酒趣。陶渊明自言："余闲居寡欢，兼比夜已长，偶有名酒，无夕不饮，顾影独尽，忽焉复醉。"世人常在互相应酬中彼此灌醉，陶渊明却在与影子对酌时把自己浇醉，何故？苏轼一句"醉中了了梦中醒"得其真味。

东坡和陶渊明一样，饮酒不为消愁、不为逃避，而是在微醺中反而能看到更真实的自己。东坡在后来作的《和陶饮酒诗二十首》序云："吾饮酒至少，常以把盏为乐，往往颓然坐睡。人见其醉，而吾中了然，盖莫能名其为醉为醒也。"他们在醉中或梦中都是清醒的，甚至比不醉不梦时更清醒。

陶渊明在《饮酒》诗中写：

> 结庐在人境，而无车马喧。
>
> 问君何能尔？心远地自偏。
>
> 采菊东篱下，悠然见南山。
>
> 山气日夕佳，飞鸟相与还。
>
> 此中有真意，欲辨已忘言。

苏轼这次是地偏心更偏了。陶渊明不为五斗米折腰，主动辞官归田，结庐于庐山脚下。苏轼有过"致君尧舜"之志，有过一呼百应的号召力，却遭小人陷害，贬谪黄州，衣食无着之际被迫躬耕于东坡，可以说是为五斗米折腰。两人的人生经历可谓"异曲同耕"。

陶渊明的斜川、曾城、菊、篱、南山、飞鸟，和苏轼的东坡、春雨、雪堂、乌鹊，本非奇境，但一经诗人点出却诗意十足。可见一个人心中有什么，眼中便有什么。试想，即使是诗情画意的西湖，在铜臭味十足的开发商眼里，也不过是楼盘的装饰和卖点，又怎么能看出半个美字？

昭明太子萧统说，读陶渊明之文有以下"功效"："驰竞之情遣，鄙吝之意怯，贪夫可以廉，懦夫可以立，岂止仁义可蹈，亦乃爵禄可辞。"苏轼之慕渊明，大意亦在此吧，而不止于摹效躬耕、排遣寂寞。

4. 觉今是而昨非

哨遍（为米折腰）

陶渊明赋《归去来》，有其词而无其声。余既治东坡，筑雪堂于上。人俱笑其陋，独鄱阳董毅夫过而悦之，有卜邻之意。乃取《归去来》词，稍加檃栝，使就声律，以遗毅夫。使家童歌之，时相从于东坡，释耒而和之，扣牛角而为之节，不亦乐乎？

为米折腰，因酒弃家，口体交相累。归去来，谁不遣君归。觉从前皆非今是。露未晞。征夫指予归路，门前笑语喧童稚。嗟旧菊都荒，新松暗老，吾年今已如此。但小窗容膝闭柴扉。策杖看孤云暮鸿飞。云出无心，鸟倦知还，本非有意。

噫！归去来兮。我今忘我兼忘世。亲戚无浪语，琴书中有真味。步翠麓崎岖，泛溪窈窕，涓涓暗谷流春水。观草木欣荣，幽人自感，吾生行且休矣。念寓形宇内复几时。不自觉皇皇欲何之？委吾心、去留谁计。神仙知在何处？富贵非吾志。但知临水登山啸咏，自引壶觞自醉。此生天命更何疑。且乘流、遇坎还止。

原梓州路转运副使董毅夫，得罪罢官，在返回家乡江西鄱阳途中，路过黄州。经鄂守朱寿昌介绍，董毅夫结识了在东坡躬耕的苏轼。董毅夫见到简陋的雪堂，十分喜欢，甚至有意与东坡做邻。东坡为报知己，把陶渊明的《归去来辞》改编成词，令家童歌之以为乐。

是苏东坡重新发现了陶渊明的魅力。东坡读陶诗，就像小孩子吃心爱的糖果，每逢心中不爽，就把陶渊明的诗集取出来，但每次只读一篇，因为他唯恐把陶渊明所有的诗都读完，就再也读不到新的了。当你读到挚爱的书就会有这样的心理：由于喜欢，恨不得一口气读完，但想到如此好书仅此一本，又不舍得读得太快，就这样纠结并快乐着。

后来他还照着陶集一一追和，陶渊明有《咏三良》，东坡就有《和咏三良》，陶渊明有《读〈山海经〉十三首》，东坡就有《和读〈山海经〉十三首》，陶渊明有《杂诗十一首》，东坡就有《和杂诗十一首》……像小孩子做游戏一样，乐此不疲。直到所有的陶诗，他都"和"了一遍。

陶渊明所有的诗里，东坡最爱的又是《归去来兮辞》。他的喜爱甚至到了痴狂的程度，不仅将其槃栝成这首词《哨遍》，而且写了和诗，还嫌不过瘾，于是从中取材，生生作了十首集字诗。东坡手书的《归去来兮辞》更是成为价值连城的书法名卷，以致后世推崇东坡的评论家王若虚都看不过去了，无奈地说："陶文信美，亦何必尔"。东坡只管自己过瘾，哪顾得了后人的闲话。

晋安帝义熙元年（405），在彭泽通往浔阳的路上，一位面带笑容的中年人迎面走来。乍暖还寒时节，寒风不断地钻进不算厚实的衣服，但他像一位刚从沙场载誉而归的将军，一副心满意足的样子。这位怡然自得、健步如飞的中年人就是陶渊明。

他的满足来自不久前做的一个选择。这次应该是彻底了断了。那天郡里派一个督邮到彭泽县，小小的督邮耍起了威风，要求县令陶渊明穿戴整齐去拜见。陶渊明不堪受辱，撂下一句话，便解下印绶，挂职而去。他的那句话后来成为读书人气节的象征：我岂能为五斗米折腰向乡里小儿！

这并不仅仅是意气用事，在短短八十多天的彭泽县令任上，陶渊明不断感到自我本性与官场氛围的冲突，这种冲突甚至比以往更强烈了。他并非不知道辞官的后果，以前的几次辞官归隐，每次都让他的家庭陷入生活困境。耕种所获不足以自给，孩子满堂，但"瓶无储粟"。让孩子幼而饥寒，对一位父亲来讲是很大的精神压力。但他刚正忤俗的个性实在无法与潜规则横行的官场相容。在富足的奴役和穷苦的自由之间，他选择了自由。五斗米虽可贵，但自由是他更不可缺的空气，离开须臾便会窒息而死。

辞官之后，陶渊明即赋《归去来兮辞》。这是一篇拥抱田园生活的宣言书，其欢欣之情、自足之乐穿透纸背，亘古弥新。

归去来兮，田园将芜胡不归？既自以心为形役，奚惆怅而独悲？悟已往之不谏，知来者之可追。实迷途其未远，觉今是而昨非。舟遥遥以轻飏，风飘飘而吹衣。问征夫以前路，恨晨光之熹微。

乃瞻衡宇，载欣载奔。僮仆欢迎，稚子候门。三径就荒，松菊犹存。携幼入室，有酒盈樽。引壶觞以自酌，眄庭柯以怡颜。倚南窗以寄傲，审容膝之易安。园日涉以成趣，门虽设而常关。策扶老以流憩，时矫首而遐观。云无心以出岫，鸟倦飞而知还。景翳翳以将入，抚孤松而盘桓。……

吟着这篇宣言书，陶渊明踏上了归园田居的行程。

"归去来兮，田园将芜胡不归？"其实他担忧田园荒芜，更担忧心灵荒芜，田园荒芜犹可锄，心灵荒芜不可挽。"觉今是而昨非"，"误入尘网中，一去三十年"。所幸迷途知返，犹未晚也。

陶渊明的归隐与东坡的归隐，一是主动迎接清寒，一是被动顺势而为。苏轼吟唱《归去来兮辞》时，应该会钦佩陶渊明的义无反顾。但两人的相同点，在于懂得山水田园的真义所在，那便是自由。

苏轼极力推崇陶渊明的诗与人，是因为陶渊明做到了他没有做到的事。苏轼和陶渊明都是在退居江湖之远时现出了生命的灵光。但陶渊明的闲居是"觉今是而昨非"之后的毅然选择，"草盛豆苗稀"的南山田垄是他悠然自在的舞台；苏轼的闲居却是被政敌迫害之后的唯一退路，黄州东坡虽也让他逍遥自乐，但终究只是他命途中的一座驿站。

自由不仅是一种享受，更是一种承担。所以被解放的奴隶才会怀念做奴隶时的稳定工作。许多人甘愿接受奴役，不是不知道自由的快乐，而是不愿承担自由的代价。多少人白天为田园唱着赞歌，夜里却做着"一日踏尽长安花"

的美梦。真正选择回到田野、亲力亲食的，陶渊明是极珍贵的特例。

孔子说："君子谋道不谋食。"但天上不下粮食雨，总要有人来谋食。陶渊明却不认为谋道与谋食是对立的。陶渊明知道躬耕之苦，但更知道必须要有人来受这份苦："田家岂不苦，弗获辞此难。"纯以稼穑为食的陶渊明，在晚年贫困交加，甚至到了"饥者欢初饱，束带候鸣鸡"的地步。即使如此，江州刺史檀道济前来探望，要送他米和肉时，陶渊明还是断然拒绝了。他没有丝毫悔意，"但愿长如此，躬耕非所叹。"

陶渊明看到世俗世界的颓败已不可挽救，于是退居一隅，独善其身。苏轼胸中那团想要救世的心火，却总是无法熄灭。苏轼在仕途上虽也沉浮不定，但他不会一走了之。即使身处田园，他也留了一只脚在他热爱的人间。苏轼在内心又渴望自由，所以他在个人世界与普罗大众的世界之间有挣扎。因而他盛赞陶渊明"忘我""忘世""知天命"。

第七章

何处安我心

问书生，何辱何惊？看透尘世游戏规则的东坡懂得，只有放下浮名浮利，那一张琴、一壶酒、一溪云才属于你。

1. 一场大梦何时觉

永遇乐（明月如霜）

彭城夜宿燕子楼，梦盼盼，因作此词。

明月如霜，好风如水，清景无限。曲港跳鱼，圆荷泻露，寂寞无人见。紞如三鼓，铿然一叶，黯黯梦云惊断。夜茫茫，重寻无处，觉来小园行遍。

天涯倦客，山中归路，望断故园心眼。燕子楼空，佳人何在，空锁楼中燕。古今如梦，何曾梦觉，但有旧欢新怨。异时对，黄楼夜景，为余浩叹。

"庄周梦蝴蝶"大概是古往今来最知名的梦了。庄周有一天梦见自己变成了蝴蝶，一只翩翩起舞的蝴蝶。蝴蝶非常快乐，悠然自得，不知道自己是庄周。一会儿梦醒了，却是僵卧在床的庄周。他疑惑了，不知是庄周做梦变成了蝴蝶，还是蝴蝶做梦变成了庄周？庄周的疑惑，疑惑了后世无数苍生，苏轼也是其中一个。

是做蝴蝶好呢，还是做庄周好？清人张潮一语道破："庄周梦为蝴蝶，庄周之幸也；蝴蝶梦为庄周，蝴蝶之不幸也。"

在大国卿相和江湖散人之间，庄子选择了后者，他宁愿衣食无保"曳尾涂中"，也不愿意位列庙堂虽生犹死。但是庄周可以拒绝名禄，却拒绝不了人的身份。再怎么无欲无求，他都摆脱不了养家糊口、读书治学的羁累，否则他何必去做那漆园小吏？彻底远离世俗的方式，只有偷闲做个蝴蝶梦了。可以想见，当梦醒发现自己依旧躺在床上时，这只"蝴蝶"是多么失望。

苏轼年少时读《庄子》，曾喟然叹息："吾昔有见于中，口未能言，今见《庄子》，得吾心矣。"书可以让隔绝千年的两个人相见恨晚，莫逆于心，其妙处简直像梦。苏轼读到了庄子的逍遥游，也读到了庄子的蝴蝶梦。

梦，可以让人挣脱肉身，也可以让人穿越古今。这天，苏轼夜宿徐州燕子楼，梦到了燕子楼的旧主人——关盼盼。

盼盼是唐贞元中徐州守帅张愔的家伎，善歌舞，雅多风态。张愔宠爱盼盼，特为其建燕子楼一座。白居易做校书郎时，自长安东游徐、泗，受到张愔设宴款待。席上酒酣之时，张愔请出不轻易见客的盼盼歌舞助兴。盼盼曼妙的舞姿和天籁般的嗓音给诗人留下了深刻印象，白居易当即赠诗："醉娇胜不得，风袅牡丹花"。

白居易与盼盼仅此一面之缘，从此再不相闻。两年后，张愔病逝。

白居易再次听到盼盼这个名字，已是十二年后。他的朋友张仲素作了三首《燕子楼》诗，白居易不解，问其缘由，张仲素才详道始末。原来张愔死后归葬洛阳，张府的姬妾很快风流云散，只有盼盼念旧爱始终未嫁，独守燕子楼已有十年之久。白居易感其情状，于是作了四首诗托张仲素带给盼盼。

一支轻巧的笔，却重重地改写了盼盼的命运。这位诗人在诗中说："见说白杨堪作柱，争教红粉不成灰。"意思再明显不过：张愔墓上白杨已可作柱，红粉佳人若真的感念旧恩，与其在燕子楼"被冷灯残""空守寒月"，何不甘作灰尘、追随于九泉之下？

盼盼得诗，惊讶万分，万没想到十年痴守招来的却是误解和威逼。和着悲愤和泪水，盼盼写下和诗自辩：

自守空楼敛恨眉，形同春后牡丹枝。

舍人不会人深意，讶道泉台不相随。

为明己志，盼盼开始绝食，十天后终于如白舍人所愿，香消玉殒于燕子楼。夫君早逝对盼盼已足够残忍，十年空房对盼盼已足够凄苦，但压垮她的最后一根稻草，却来自曾引为知己的白大诗人。她承受得了命运的无情，却承受不了人的无情。

苏轼梦到盼盼，才子梦到佳人。盼盼的命运早在历史上做过了结，却在苏轼的梦中重新活了起来。梦做完了，苏轼却停止不了梦中的脚步。

词的开头，梦就醒了，一片清幽之境突兀而至。明月如霜，洁白中泛着冷光；好风如水，温柔里沁着清凉。鱼儿跃出水面，泼剌有声；露珠滚落荷叶，叮咚作响。"寂寞无人见"是假，寂寞一人见是真。

东坡何缘睹此良景？原来他是来寻梦的。在梦里，东坡回到了唐朝，地点还是燕子楼。可是打鼓声和落叶声惊破了幽梦。好梦残断，怅然若失，于是有寻梦之旅。夜色茫茫，但各处景物尚依稀可辨，可怎么也找不到梦中的那一处景色。东坡踏遍小园，只寻到一腔的今昔之叹。

"天涯倦客"是东坡诗词中反复吟咏的调子。刚出仕时苏轼就跟子由约好，他日当辞官还乡，归隐山林。后来每当仕途不如意的时候，他都重提此调。但吊诡的是，他屡屡"望断故园"、屡屡寻觅归路，但并没有真的归隐，甚至没有做过归隐的准备。与诗词中常常表达的倦怠相反，无论到哪里做官，苏轼都勤心政务，以图有所建树。

诗词中的消极浩叹与现实中的积极进取，构成东坡生命中两道奇妙的风景。事实上这两者并不矛盾，诗词的逻辑与生命的逻辑本来就是两条线。东坡在诗词中抒发愁绪，不是因为无力应对现实，而是为了汇集更充沛的力量，在惨淡的人生中激起更多的水花。

不过在这里，我们不妨顺着东坡的浩叹而浩叹。

燕子楼因盼盼而闻名，斯楼虽存，斯人已去。一代代人就像在一轮轮梦中流转，任你帝王将相、才子佳人，都难逃循环的宿命。如果说燕子楼、关盼盼的前朝旧事都是梦，那么东坡因梦盼盼作词岂非是梦中之梦，而笔者今日为东坡词动笔更是梦中之梦之梦了。

"异时对，黄楼夜景，为余浩叹"，一如王羲之所言"后之视今亦由今之视昔"。东坡在为燕子楼浩叹的时候，已料到后人会为他的浩叹而浩叹了。一句魔咒，惹多少世人坠入这一梦的循环！

2. 蜗角虚名，蝇头微利

满庭芳（蜗角虚名）

蜗角虚名，蝇头微利，算来着甚干忙？事皆前定，谁弱又谁强。且趁闲身未老，须放我、些子疏狂。百年里，浑教是醉，三万六千场。

思量，能几许？忧愁风雨，一半相妨。又何须，抵死说短论长。幸对清风皓月，苔茵展、云幕高张。江南好，千钟美酒，一曲《满庭芳》。

曾经有一只蜗牛，身体虽小，却身负两个国家。一个国家在蜗牛的左触角上，叫触氏帝国；一个国家在蜗牛的右触角上，叫蛮氏帝国。两个国家在蜗牛身上经常为争夺土地发生战争，战况十分惨烈，常常伏尸数万，胜利者追亡逐北达五日之久……

　　以人类的体积和经验看来，蜗牛角上的"帝国争霸"是滑稽而可笑的。可是蜗牛角上两个国家可不这么看，他们肯定认为一毫米、一微米的空间都意义重大，每一场战役、每一次战斗都是"世界"历史的关键转折点。

　　若宇宙中存在着比地球文明大一个数量级以上的文明，假设它们以星系为身体，以恒星为照明灯，每颗人类眼里庞大无比的行星都不过是它们数以亿计的细胞之一。那么当它们发现地球这个小小的水滴上竟有几十亿蠕动的"虫蚁"，长年累月为争夺土地、水源、利益而争斗不已、死伤无数，这些高级文明大概会连嘲笑都懒得发出吧。

　　可是"只缘身在此山中"，人很难跳出置身的繁华世界并发现它的局促和狭小。这正是庄子所说的"小知不及大知，小年不及大年"。

　　一个人一旦参悟了庄子的"小大之辩"，明白了再辉煌的成就都不过是海市蜃楼，他就不会再汲汲于名利。可人还有一个本能，就是为一切既存事实辩护，没人愿意主动戳破华丽的伪装，哪怕明知道它是虚假的。人们宁愿自欺欺人随波逐流，也不会选择直面白森森的真相，除非受到某种刺激。

　　东坡受到的刺激来自"乌台诗案"和其后的黄州之行，

死里逃生之后，他开始深思人生的意义。以前只是当作思维游戏和诗词素材的老庄学说，此时成了剖破幻象、直抵生命核心的利刃。

东坡在《答李端叔书中》中说："轼少年时，读书作文，专为应举而已。既及进士第，贪得不已，又举制策，其实何所有？"对他来说，读书、作文、应举、做官、进谏都是再自然不过的事。他人如此，东坡亦如此，东坡做得还比他人要好，他从不会反思做这些事情有什么不对头。直到以言获罪之后，他才第一次认真地重新考量。

自觉不自觉地，东坡产生了"改过自新"的想法。皇帝在把他贬到黄州的圣旨中本有要求："黜置方州，以励风俗，往服宽典，勿忘自新"，是让他体会皇恩的宽大，自新以报。但东坡的自新与其说是为报皇恩，不如说是命运无常给他上了刻骨铭心的一课。在狱中，魂魄都被吓得离窍而去，为了得到心灵的真正安宁，东坡转向了佛教，他在《安国寺记》中写道：

> 其明年二月至黄。舍馆粗定，衣食稍给，闭门却扫，收召魂魄，退伏思念，求所以自新之方。反观从来举意动作，皆不中道，非独今以得罪者也。

他反省过去一切的"举意动作"皆不中道，未知今是已悟昨非。

> 于是喟然叹曰："道不足以御气，性不足以胜习。不锄其本，而耘其末，今虽改之，后必复作，盍归诚佛僧求一洗之？"

为了从气到习、由本至末彻底改过自新，东坡决心皈依佛教，一洗前尘。东坡的修行是诚心的：

> 得城南精舍曰安国寺，有茂林修竹，陂池亭榭。间一二日辄往，焚香默坐，深自省察，则物我两相，身心皆空，求罪垢所以生而不可得。一念清净，染污自落，表里翛然，无所附丽，私窃乐之。

看样子，他真的在佛法中寻觅到了清静。物我两忘，身心皆空，高僧证道也不过如此吧。

东坡接受了命定论，所以说"事皆前定"，今生的挣扎幻想、营营役役全是徒劳。"死生有命，富贵在天"是一种朴素的达观精神，不一定会导向犬儒般的消极待命。孔子就说过"富而可求也，虽执鞭之士，吾亦为之。如不可求，从吾所好。"孔子知富贵不可求，故终生从其所好，传道授业、周游列国。东坡知"事皆前定"，故决心趁闲身未老，放自己一些疏狂。诗酒趁年华，百年醉过，不过三万六千场。

细心读这首词，会发现其实东坡并未"物我相忘，身心皆空"。在貌似达观知命的述怀中，始终潜着一股抑郁不平之气。填词本身就落了窠臼，禅宗讲"不立文字""以心传心"就是怕文字限制了佛性。东坡诉诸文字难道不是因为"不平则鸣"吗？

若已看破红尘，又何必埋怨"忧愁风雨"的相妨？"幸对清风皓月，苔茵展、云幕高张"，一个"幸"字露了底。清风皓月、云幕高张是幸，那必然还有东坡尽力逃避的"不幸"。天工造化的美景只是被他当作避难所，在这里，他可以不理会世间俗务。但带着逃避的心来，就意味着他只是做短暂借居的打算，而没有做好安家的准备。

东坡念叨山水田园从未停口，从初离家乡到宦游各地，再到贬居黄州，读者若轻信他的话，也许会认为东坡早该退隐不问世事了。但他一直没有离开纷纷扰扰的尘世，即使在黄州，他也曾上书太守，力废本地的杀婴陋俗。眼睛不离闲山逸水，心中惦记的总是人间冷暖。

求解脱，难解脱。黄州鲜有亲朋，文酒之欢难得，幸有江南好风、美酒千钟，一曲《满庭芳》助兴，自吟、自斟、自乐。正可谓：

清诗独吟还自和，白酒已尽谁能借。

不辞青春忽忽过，但恐欢意年年谢。

——《定惠院寓居月夜偶出》

3. 长恨此身非我有

临江仙·夜归临皋

夜饮东坡醒复醉，归来仿佛三更。家童鼻息已雷鸣。敲门都不应，倚杖听江声。

长恨此身非我有，何时忘却营营？夜阑风静縠纹平。小舟从此逝，江海寄余生。

苏轼在黄州有两个住处，一是城中的临皋亭，一是城东的东坡雪堂。临皋亭本是驿亭，官员经过时可以小住，由于太守的礼遇，苏轼才得以安家在此。东坡辟出、雪堂竣工之后，苏轼每天在临皋亭和雪堂之间往返。林语堂说，这段一里多的脏泥路，大概是文学史上最出名的一条路。

在这条小路上，那凌乱的脚印，一脚深一脚浅，踩出了一个放浪形骸的达者。

深秋之夜，东坡一个人在雪堂饮酒。他也许原打算一醉方休，但可惜疲软的酒精盖不住清醒的内心，一时醉意蒙眬，最终却还是醒着。夜渐渐沉寂下来，东坡于是蹒跚地走回临皋亭，妻儿在那里应该早已睡熟。

回到住处已大约三更时分，院里漆黑一片，东坡抬手敲门，只听见几声回响在暗夜里向四周悄悄散去，院内却全无反应。家童鼻息如雷鸣，敲门都不应，睹此情景，东坡没有气急败坏、暴跳如雷，而是略一微笑、略一沉吟，挂杖转身走向江边。他要听听长江在夜里的独语，也让长江听听自己。

一人，一江，相听两不厌。

"长恨此身非我有"，东坡提出了一个终极追问：人的生命究竟属于谁？明明是自己的身体，为什么却觉得"非我有"？若非我有，那是谁有？

东坡此问，源出《庄子》。在庄子虚构的一段对话中，舜帝问丞说："道可以获得而保有吗？"丞反问道："你的身体都不是你自己所保有的，你怎么能保有道呢？"舜说："我的身体不是我所保有，是谁所保有呢？"丞说："这是天地所委付的形体。生命不是你所保有的，乃是天地所委付的和气；性命不是你所保有的，乃是天地所委付的自然；子孙不是你所保有的，乃是天地所委付的蜕变。你的行动、居留、饮食，都不是自己控制的，乃是天地间气的运动，又怎能够获得而保有呢！"

庄子意识到人不能如想象的那样保有自身，但并不以此为悲事，"至人无己"是他心中最高的境界。在《庄子·齐物论》中有注脚："至人神矣，大泽焚而不能热，河汉沍而不能寒，疾雷破山、飘风振海而不能惊……乘云气，骑日月，而游乎四海之外，死生无变于己，而况利害之端乎！"

可是东坡的"此身非我有"与至人的"此身非我有"不同。至人的"己"与大道合一，东坡的"己"却被俗务牵扯；至人的"己"与天地同游，东坡的"己"却被命运安排。所以至人无己而无所不能，东坡无己然颓然若丧。

东坡恨自己不能忘却营营役役，他渴望自由。什么是自由？也是在同样的夜晚，朱自清在荷塘漫步时说："一个人在这苍茫的月下，什么都可以想，什么都可以不想，便觉得是个自由的人。"

歌德说：一个人只要宣称自己是自由的，就会同时感到他是受限制的。如果你敢于宣称自己是受限制的，你就会感到自己是自由的。东坡敢于宣称此身非己有，忘不掉营营役役，那么在说出这两句话的时候，他应该感到了江面上吹来了自由的空气。

一个人如果拥有太多，就会丧失自己。失去自己的人，其实一无所有。拥有并不足恃，就像跛足道人的那首《好了歌》唱的：

> 世人都晓神仙好，唯有功名忘不了！古今将相在何方？荒冢一堆草没了。
>
> 世人都晓神仙好，只有金银忘不了！终朝只恨聚无多，及到多时眼闭了。
>
> 世人都晓神仙好，只有娇妻忘不了！君生日日说恩情，君死又随人去了。
>
> 世人都晓神仙好，只有儿孙忘不了！痴心父母古来多，孝顺儿孙谁见了？

人人都想升仙，仙界是什么样，却没人知道。在欲壑难填的世人眼中，仙界大概是锦衣玉食、宝马雕车、歌儿舞女。可若只是这样，有志者且去造反当皇帝，何必去做神仙？穷，并不仅仅指物质匮乏，梦想贫瘠是一种更无可救药的穷。

东坡曾在诗中为谪仙李白辩护："谪仙非谪乃其游"，这何尝不是他自身的写照？来到黄州之后，仕途黯淡、生活交困，但物质的贫瘠赠予了他一种更高贵的富有，那就是江上之清风与山间之明月。天地之间，物各有主，唯江山风月无常主，闲者便是主人。为功利而奔竞的忙人，其实是功利的奴仆。侣鱼虾而友麋鹿的闲人，却是江山的主人。

孔子说："道不行，乘桴浮于海。"大概是记起了夫子的遗志，再加上一时酒兴涌起，又被夜阑风静时的江上縠纹打动，东坡兴冲冲地写道："小舟从此逝，江海寄余生"。

第二天，众人喧传东坡夜作此词，然后挂冠服江边，驾舟长啸而去。谣言传到太守耳朵里，太守十分惊惧，因为他有职责监视东坡不得越出他的辖区。太守马上赶去临皋亭，却见东坡安然睡在家中，鼻息雷鸣。最后这个谣言还是传到了京师，甚至传到神宗的耳朵里。

这些传谣之人肯定不懂东坡，因为东坡说过，他逃的不是"世之事"，而是"世之机"。若无机心，世事有何可畏？若有机心，纵逃到天涯海角，也逃不脱俗务缠累。东坡不需要"小舟从此逝"，自可以"江海寄余生"。

梭罗在宁静的瓦尔登湖畔告诫世人："你们要尽可能长久地生活得自由，生活得并不执着才好。"庄子认为，只有放下自我，才能获取自由。其实放下自我才能安顿自我。在吐露出"长恨此身非我有"的那一刻，东坡就已顿悟，立地成我。从此不虚空，不寂寞。

4. 又得浮生一日凉

鹧鸪天（林断山明竹隐墙）

林断山明竹隐墙，乱蝉衰草小池塘。翻空白鸟时时见，照水红蕖细细香。

村舍外，古城旁，杖藜徐步转斜阳。殷勤昨夜三更雨，又得浮生一日凉。

这是一幅夏末秋初的风景画。

远处，郁郁葱葱的树林尽头，被夕阳照亮的山头耸入云端。近处，翠绿的丛竹，像一道绿色屏障，围护在院墙周围。院内并无着墨，但想来应是东坡的居所。院墙附近，有一个小小的池塘。乱蝉衰草透露出，池塘是荒芜的，无人料理。

气氛是幽狭的，但荒芜中仍有生机。白鸟不嫌蝉噪，不时地飞上飞下，将跳动的音符装饰在空寂的天上。荷花不嫌池塘小，映照绿水，兀自喷吐着柔和的芳香。

在荒寂与生机并存的风景里，一个半老之人拄着藜杖，迈着缓慢的脚步。这个身影是老态龙钟，还是自得其乐，抑或百无聊赖？看到最后两句之前，是找不到答案的，之前的景物白描中没有明显的感情倾向。

"浮生一日凉"又是怎样的答案呢？由于昨夜的雨，溽暑初褪，风气微凉，词人应该是舒适的。可在舒适中，还挂着几丝不甘，几丝惆怅。

"浮生"是一个带有佛教色彩的比喻。人生在世，就像在漫漫苦海中作短暂的浮游，不知何时命数一尽，便会径直沉下去，一沉到底，再无声息。李白说："天地者，万物之逆旅也；光阴者，百代之过客也。而浮生若梦，为欢几何？"纵是诗仙，也逃不过这宿命。

大家都是过客。生死面前，众生实现了真正的平等。正如《红楼梦》里邢岫烟回答宝玉：纵有千年铁门槛，终须一个土馒头。

人生如寄的思想，在诗人中代代传递："人生天地间，忽如远行客"；"人生寄一世，奄忽若飚尘"；"人生非金石，岂能长寿考"……如一个难解的谜题，摆在每个珍惜生命的心上，越珍视便越痛惜。既然是寄居，那么结局便只有一个——归去。生人是行人，死人为归人。

同一个谜题，不同的答案。有人提出的解脱办法是及时行乐。他们嘲笑那些"生年不满百，常怀千岁忧"的多情种子，人生有限愁无限，为乐当及时。唐朝诗人罗隐仕途坎坷，十举进士而不第，愤而作《自遣》诗：

得即高歌失即休，多愁多恨亦悠悠。

今朝有酒今朝醉，明日愁来明日愁。

东坡则说："人生不过百年，索性笑他三万六千场，一日一笑，此生快哉！"如果嫌百年时间太短，除了炼丹等不科学的延年益寿之方外，古代诗人还发明了另一种立竿见影的延长生命的办法——秉烛夜游。佚名诗人说："昼短苦夜长，何不秉烛游。"这究竟是珍惜生命，还是浪费光阴，很耐琢磨。

如果生命的意义可以用快乐的次数或时长来衡量，那么及时行乐、秉烛夜游是最成功的生活方式。可是正如钱锺书所质疑的，"永远快乐"的说法不但渺茫得不能实现，并且荒谬得不能成立。

快乐是与痛苦相对而言的，不知痛者不知乐，正如不知饥者不知饱。问出"何不食肉糜"的荒唐皇帝，纵有酒池肉林，又焉知酒之甘美、肉之怡人？永远快乐，像四方的圆形、静止的动作一样自相矛盾。

所以在人生如寄的既定事实面前，有人没有及时行乐，而是选择了及时努力。早在汉代的《古诗十九首》里，就有诗人在意识到人生"奄忽若飙尘"之后，立志"何不策高足，先据要路津"。还有人说"盛衰各有时，立身苦不早……奄忽随物化，荣名以为宝。"后世的奇女子张爱玲更是大声喊出了"出名要趁早"。

"出名要趁早呀，来得太晚的话，快乐也不那么痛快。"这句话至少和张爱玲一样出名，也是她年少得志时的狂言。张爱玲从小就要"做一个特别的人"，让大家"都晓得有这么一个人，不管他人是好是坏，但名气总归有了"。

在伪谦虚盛行的文化土壤里，赤裸裸的"出名要趁早"势必要遭到嘲笑和鄙薄的。但迫不及待要骂人的"道德君子"们，竟没时间看到"出名要趁早"那段话后面还有一段：

> 个人即使等得及，时代是仓促的，已经在破坏中，还有更大的破坏要来。有一天我们的文明，不论是升华还是浮华，都要成为过去。如果我最常用的字是"荒凉"，那是因为思想背景里有这惘惘的威胁。

古人说人生有"三不朽"——立德，立功，立言。张爱玲"趁早出名"，难道不也是为了给这易朽的时代添一块更结实的砖石吗？张爱玲生在乱世，她感受到的是文明易碎，极度功利的表象背后其实是彻骨的荒凉。

且容我偏离主题，为张爱玲辩护几句。她当然有短处，如贾平凹在《读张爱玲》中说的："天才的长处特长，短处极短，孔雀开屏最美丽的时候也暴露了屁股，何况张又是个执拗的人。时下的人，尤其是也稍要弄些文字的人，已经有了毛病，读作品不是浸淫作品，不是学人家的精华，启迪自家的智慧，而是卖石灰就见不得卖面粉。还没看原著，只听别人说着好了，就来气，带气人读，就只有横挑鼻子竖挑眼。"这样的后果是"无损于天才，却害了自家"。

其实，不管及时行乐还是及时努力、及时成名，后面那个词的分量永远抵不过"及时"二字所透出的荒凉。及时，是因为时不我待，若不及时就永远没有机会了。无论哪种选择，都只是人们为摆脱这种荒凉而生出的本能挣扎而已。

明乎此，还有必要知道那个"杖藜徐步"的身影，究竟是老态龙钟、自得其乐，还是百无聊赖？还有必要追究"浮生一日凉"究竟是哪种凉吗？

5. 此心安处是荒裘

浣溪沙·自适（倾盖相逢胜白头）

倾盖相逢胜白头，故山空复梦松楸。此心安处
是荒裘。

卖剑买牛吾欲老，乞浆得酒更何求。愿为辞社
宴春秋。

富兰克林说："哪里有自由，哪里便是我的祖国。"这
是一种令人羡慕的政治和人生态度，但只有拥有"用脚投
票"权利的人，才有资格说出这样的话。"自由"在中国古
代并不是众人捍卫的底线和原则，而是一种稀缺的奢侈品，
其中一个原因就在于人们没有选择权。

春秋时期，列国并立，孔夫子还可以"危邦不入，乱邦

不居"，保全自己的操守。秦汉大一统之后，普天之下莫非王土，每个人出生后都自动成为一家一朝的臣子，士人甚至连"天下有道则见，无道则隐"的消极自由都被剥夺了。朱元璋就曾发布一道充满杀气的谕旨："率土之滨，莫非王臣。寰中士大夫不为君用，是自外其教者，诛其身而没其家，不为之过。"不与官家合作，就是滔天大罪。

赵宋王朝对待知识分子是比较宽容的，"与士大夫共治天下"是立国纲领，"不得杀士大夫"是祖宗家训。但与朱元璋的残酷寡恩相比，这不过是"五十步"与"一百步"的区别而已。东坡的遭遇就验证了这一点。名重一时的士林领袖，不过说了几句风凉话，就被治罪、下狱。生死悬于一线，而这根线捏在高高在上的皇帝手中。名望再高，诗词再富丽，又能怎样？

自由就像天上的星星，可望而不可即。一只"发了慈悲"的大手，把东坡这只原本就被无形的线拴着的鸟，投入黄州这个小小的笼子。东坡却只有听天由命的份儿。

但有一种鸟是关不住的，因为它每根羽毛都闪着自由的光辉。东坡没有能力违抗圣旨，没有胆量逃脱监视，他更不可能"小舟从此逝"，真的去国远游。但黄州并未成为他的就缚之地。他在黑暗中挣扎，在局促里伸展，在贫瘠的土地上倔强地生长。

外部世界没有自由的踪影，东坡只好在小世界中寻觅。

"此心安处是菟裘。"谁也不能否认，这句话多少带有一些自欺或阿Q的意味。此心安处，另一层含义是，此身并不安。谁不想身心俱安？心安又没有客观衡量的标准，心的主人说什么便是什么。可是，除了调试内心以适应环境之外，东坡还有什么选择？

黄州本是收押他的牢笼，东坡却把禁锢变成自由，把牢笼变成家乡。

他在这里结识了一干"倾盖相逢胜白头"的朋友。徐君猷、孟震、继连、朱寿昌、张怀民、庞安常……这一连串的名字，每一个都是东坡在缧绁中向外探出的触角。朋友最重要的作用不是排遣寂寞，也不是有难同当，而是通过他们，你可以与他们的世界联通。有了他们，你会拥有更广阔的自己。

又一次在梦中回到故乡，见到祖先的坟茔。东坡却没有眷恋，没有遗憾，因为经过几年的打磨，他与黄州已经彼此适应，相看两不厌。此心安处是吾乡，何必非得回故丘呢？

什么是最好的日子？梁山好汉会说：大碗喝酒，大块吃肉，论秤分金银，一样穿绣锦。本分老实的农民则会说：三亩地，一头牛，老婆、孩子、热炕头。在黄州吃了几年苦，东坡反而"失去"了追求。"卖剑买牛"归老田园，是他最大的心愿。苦日子已经成了最好的日子。

东坡善于"处穷"，不仅是生性恬淡之故，与他的聪慧也密不可分。在黄州，有人向他请求长寿秘方，他写了下面四句话：

一曰无事以当贵。

二曰早寝以当富。

三曰安步以当车。

四曰晚食以当肉。

看到这个妙方，人们不会嘲笑东坡不富不贵、无车无肉的可怜境地，只会敬佩他的聪明与豁达。

神宗元丰七年，皇帝下诏把东坡从黄州调往汝州，算是结束了这段被监管的流放生活。汝州离京师较近，生活亦较为舒适，但东坡却不舍得离开黄州。被迫离开时，他恋恋不舍地写道：

归去来兮，吾归何处？万里家在岷峨。百年强半，来日苦无多。坐见黄州再闰，儿童尽楚语吴歌。山中友，鸡豚社酒，相劝老东坡。

云何，当此去，人生底事，来往如梭。待闲看秋风，洛水清波。好在堂前细柳，应念我，莫剪柔柯。仍传语，江南父老，时与晒鱼蓑。

楚语吴歌，铿然在耳；鸡豚社酒，宛然在目。东坡在黄州种下的，不仅有堂前细柳，还有一整段的人生。他被风卷来，不得不在这里扎根、抽芽。几年后，绰约的丰姿证明了这粒种子的顽强和饱满。

后人有公论：被贬黄州是东坡政治生涯的低谷，却也是他精神历程的一次升华。苦难不一定是财富，打击不一定是锻炼，它们就像太上老君的八卦炉，进去的若不是孙悟空，结果就不是火眼金睛而只能是灰飞烟灭。

我们不赞美流放、禁锢、折磨，但是赞美流放中的潇洒、禁锢中的自由、折磨下的坚强。因为在这背后，有一颗闪光的心。

6. 问书生何辱何荣

行香子·寓意（三入承明）

三入承明。四至九卿。问书生、何辱何荣。金张七叶，纨绮貂缨。无汗马事，不献赋，不明经。

成都卜肆。寂寞君平。郑子真、岩谷躬耕。寒灰炙手，人重人轻。除竺乾学，得无念，得无名。

绍圣元年（1094），太皇太后高氏已经去世，宋哲宗行"绍述"之政，恢复神宗新法。"三入承明，四至九卿。"至此，东坡已三次进入朝廷做皇帝的近侍之臣。但这一年，东坡失去端明殿学士、翰林侍读学士两个官职。已经过了八年太平日子的东坡嗅到一丝不安的气息，于是写下这首《行香子·寓意》，自问"书生何辱何荣？"

东坡在仕途上的遭遇与中国古代其他士人别无二致，荣辱不定，充满各种不可测，且与皇帝的喜怒紧密相连。面对荣辱沉浮，东坡早就不是乌台诗案发生时被吓得魂飞魄散的那个太守，他已学会了如何与命运相处。

在古代中国，百姓们分作士农工商四类。士为四民之首，万般皆下品，唯有读书高。"朝为田舍郎，暮登天子堂"是每个寒士的心愿，东坡曾说自己年少时也唯以读书中举为业。

宋朝又是士大夫地位最受尊崇的一个黄金时代。北宋第三位皇帝真宗亲作《劝学文》，以"书中自有黄金屋"劝诱世人读书。以皇帝九五之尊，躬操吆喝之业，读书之事不可谓不贵。但竟有读书人对此并不买账，曾任明代内阁首辅的高拱写道：

> 偶遇一学究，其壁上有宋真宗《劝学文》云："书中自有黄金屋，书中自有千钟粟，书中自有颜如玉。"予取笔书其后云："诚如此训，则其所养成者，固皆淫逸骄侈、残国蠹民之人。使在位皆若人，丧无日矣。而乃以为帝王之劝学，悲夫！"

士人"富贵不能淫"的气节于此清晰可见。比宋真宗更高尚的是北宋大儒张横渠，他说读书人的使命是：为天地立心，为生民立命，为往圣继绝学，为万世开太平。煌煌斯言，声震古今！明代东林党领袖顾宪成有一副对联：风声雨声读书声，声声入耳；家事国事天下事，事事关心。则是在一片诗意中道出万千士人的家国情怀。

可读书人的命运，果真如孔庙中的青烟一样肃穆而典雅？如孔府中的青松一样劲直而骄傲？

"天下可忧非一事，书生无地效孤忠。"陆游这句诗，道尽书生对参政的渴望和悲愤。"学而优则仕"，朝廷以此为标榜，学子以此期望，但何者为"优"却无固定标准。"屡试不第"一词在历朝史书中高频率的出现，已经可以说明一切问题。

"十年寒窗无人问，一朝成名天下知。"天下传颂的只是少数幸运儿的一朝成名，无数寒窗下默默苦读的身影则湮没无闻。据后人考证，"寒窗苦读致疾"并非夸张的形容，风寒外感、中气下陷、心肾不交都是常发的"苦读病"。

明清才子佳人小说中，动辄安排主人公高中状元，不是因为中状元易如反掌，而是由于及第艰难导致写小说的穷酸书生对"状元"格外热衷与渴望。

虚构的人物有中举后疯癫的范进，现实的人物则有十试不第、终生潦倒的蒲松龄。四十八岁那年，蒲松龄第六次参加乡试。文思如注、运笔如风的他，在誊写试卷时一时大意，竟然"越幅"（误隔一幅，不相接连）。蒲松龄在词《大圣乐·闱中越幅被黜，蒙毕八兄关情慰藉，感而有作》中，将考场里发现自己"越幅"后的震惊和颓丧表露无遗：

> 得意疾书，回头大错，此况何如！觉千瓢冷汗沾衣，一缕魂飞出舍，痛痒全无。痴坐经时总是梦，念当局从来不讳输。所堪恨者：莺花渐去，灯火仍辜。

> 嗒然垂首归去，何以见、江东父老乎？问前身何孽，人已彻骨，天尚含糊。闷里倾樽，愁中对月，欲击碎王家玉唾壶。无聊处，感关情良友，为我欷歔。

一个偶然的差池，就惊得人魂飞魄散、如丧考妣。此时的书生，安敢以"为天地立心""治国平天下"自命？科举是君王收缚天下英雄的罗网，而多少寒门子弟自缚而进却被逐出门外，就像待价而沽却无人问津的家禽。

即使在偶然中遇偶然，幸运后又幸运，过关斩将，顺利地将学成的诗书礼仪"贩与帝王家"，换来一官半职，前途就注定一帆风顺吗？

杜甫用"炙手可热势绝伦"讥讽兄以妹贵的杨国忠，但功名利禄只流向莺歌燕舞的杨家，而对书香门第的杜家不感兴趣。富贵的逻辑，不同于文章的道理。这是再入木三分的诗句也改变不了的事情。

何况，君恩难测，伴君如伴虎。"一封朝奏九重天，夕贬潮州路八千"是韩愈的命运，他纵然"文起八代之衰"，"九重天"上的主儿又怎会在乎？

而遭贬谪的厄运若与焚书坑儒、党锢之争、文字狱等不时出现的浩劫相比，又是小巫见大巫了。李国文说过："文人越位的结果，无非两道，一是春秋战国屈原跳进汨罗江的自杀，一是秦始皇'焚书坑儒'式的坑杀。"

"百无一用是书生"可不是挖苦，而是前人的教训，后人的警示。

问书生，何辱何惊？看透尘世游戏规则的东坡，最后停眼在佛学上："除竺乾学，得无念，得无名。"可怎么样算"无念""无名"呢？他在接下来的另一首《行香子》中说得很透彻：

清夜无尘，月色如银。酒斟时、须满十分。浮名浮利，虚苦劳神。叹隙中驹，石中火，梦中身。

虽抱文章，开口谁亲。且陶陶、乐尽天真。几时归去，作个闲人。对一张琴，一壶酒，一溪云。

有人说：读书人的命运在外人看来是崇高的，在自己看来则是凄凉的。其实许多读书人把生命过得太过凄凉，是因为之前没有看透，所以太执迷。佛家讲："烦恼障品类众多，我执为根。"这句话意思是说，我执是痛苦的根源。

关于"我执"，梁文道的一段话最能醒人：你所见到的，只不过是自己的想象；你以为是自己的，只不过是种偶然。握得越紧越是徒然。此之谓我执。

东坡懂得，只有放下浮名浮利，那一张琴、一壶酒、一溪云才属于你。

第八章

花雨 入梦来

同样是被放逐，东坡躬耕于黄州，自牧
自耕、自斟自饮、自娱自乐，比屈原多
了潇洒自适，少了凄苦怨怼。但橘的高
贵与骄傲，是两人共有的精神。在霜风
凄紧、众芳凋零时，每一株傲枝都为后
来者指引着另外一种生命的可能。

1. 水晶盐，为谁甜

江神子（黄昏犹是雨纤纤）

大雪，有怀朱康叔使君，亦知使君之念我也，作《江神子》以寄之。

黄昏犹是雨纤纤。晓开帘，欲平檐。江阔天低，无处认青帘。孤坐冻吟谁伴我，揩病目，捻衰髯。

使君留客醉厌厌。水晶盐，为谁甜。手把梅花，东望忆陶潜。雪似故人人似雪，虽可爱，有人嫌。

朱康叔名寿昌，康叔是他的字。东坡在黄州躬耕时，朱康叔任鄂州太守，两人书信往还甚密，渐成至交。康叔在西，东坡在东。

223

雪是思念的引子，也是怀友的信物。

昨日黄昏时，天上飘洒的还是纤纤细雨，次日清晨醒来打开窗帘，却发现大雪差不多快要和屋檐齐平了。江阔天低，漫漫白雪把江边酒馆的酒旗都盖住了。天公是位神奇的魔术师。

看到大雪，东坡肯定是兴奋的，说不定还出门饱览了一番。但这首词想传达给朱康叔的既非雪景的壮观，也非东坡看到雪景的兴奋，而是潜藏的幽怨和责备。

孤坐，已露可怜之意。还冻吟，既然天寒地冻，吟诗写字岂不是更冷？可是东坡就是要康叔知道自己的苦寒，甚至"揩病目，捻衰髯"的细节也要一丝不落地说给康叔听。东坡说知道自己怀念使君的时候使君也会怀念自己，可他写"使君留客醉厌厌"什么意思呢？朱使君你宴请宾客之时，难道没有觉得座上少了一个应该出现的人吗？而这个人此刻正捧着水晶盐般的新雪，想要与你共品甘甜。看到梅花，朱使君大概会想到东边那位像陶渊明一样的朋友吧。自己像雪花一样晶莹可爱，可故人为何嫌弃，不招去把酒言欢？

东坡的心思用白话转述出来，处处散发着浓浓的闺怨气息。其实，在古代，友人间的诗词酬唱中出现这样的思念甚至怨念，是再平常不过的事。李白和杜甫"醉眠秋共被，携手日同行"不也没引起过绯闻吗？东坡当然不是真的怪罪朱康叔，怨是假，念是真。东坡和康叔都懂的。

用何物比拟雪花最贴切，是古人争论不休的话题。争论的源头是《世说新语》中的一个典故：东晋太傅谢安在下雪天召集家族内的年轻人，讨论文章的用字遣词之法。不多久，谢安见雪突然大了起来，便微笑着向晚辈们考问："白雪纷纷何所似？"侄儿谢朗答道："撒盐空中差可拟。"侄女谢道韫接了一句："未若柳絮因风起。"谢安高兴得大笑。

谢安的大笑表明他更欣赏谢道韫的"柳絮因风"，而觉得谢朗的"撒盐空中"欠佳。后人也通常认为在这场"一句诗比赛"中谢道韫占了上风，其"咏絮之才"便享誉千载以至今日。可是"柳絮因风"真的是对雪花唯一恰当的比喻吗？

东坡也无意中卷入了这场旷古的"盐絮之争"。他在《谢人见和雪后书台壁二首》之一中有句："渔蓑句好应须画，柳絮才高不道盐。"这是继承了谢安贬盐扬絮的传统观点。可是在这首《江城子》中，他却自己也用盐来比雪。在另一首《次韵仲殊雪中游西湖》诗中，东坡又说："乞得汤休奇绝句，始知盐絮是陈言。"这分明是把盐絮都等而下之了。研究者不禁迷惑了，东坡的立场究竟在哪里？

南宋诗人陈善对此给出了较为合理的解释，他说"柳絮才高不道盐"只是东坡为了与上一句"渔蓑句好应须画"

对仗顺手而造的句子，不代表东坡对"盐絮之争"的真实看法。陈善对"撒盐"与"柳絮"孰高孰低有个独特的观点，他说：

> "撒盐空中"，此米雪也，"柳絮因风"，此鹅毛雪也，然当时但以道韫之语为工。予谓《诗》云："如彼雨雪，先集维霰。""霰"即今所谓米雪耳。乃知谢氏二句，当各有所谓，固未可优劣论也。
>
> ——陈善《扪虱新话》

其实对下雪有经验的人都会注意到，雪分两种，一种是鹅毛雪，雪呈片状，大而薄，下落时摇摇晃晃，落地无声；一种是米雪，雪如米粒，打在脸上会疼，落在地上窸窣作响。《诗经》中就描写过，下雪之前，先下霰，霰就是米雪。米雪和鹅毛雪是雪的两种常见类型，下米雪往往是下鹅毛雪的前奏。

"撒盐空中"比喻的是米雪，"柳絮因风"形容的是鹅毛雪。两个比喻本无高下之分，但有情景之别。若谢氏子弟对雪论文时下的是鹅毛雪，则谢道韫的"柳絮因风"更佳，若下的是米雪，则谢朗的"撒盐空中"更确。

雪是什么味道？果真是甜的吗？只有吃过的人才知道。

大人往往不会吃雪，小孩子才吃雪，现代人更是连小孩子都知道雪是脏的，吃不得。骄傲的现代人却不懂得：掬一捧水晶般灿灿的白雪，俯脸下去，大口张开，咬啮、咀嚼，伴随着咯吱声，雪化成水，顺着舌、喉流入胸膛。牙齿被冰得打战，但身体比吃任何灵丹妙药都精神万分。甜的不是雪，而是那童趣和天真。

雪，在科学家眼里不过是"由冰晶聚合而形成的固态降水"，在城市人眼里不过是滑雪场里人工造的道具。可是不是还应该有一些眼睛，把雪看成柳絮、看成水晶盐，看成从天而降的诗句？

有了把雪看成"水晶盐"的眼睛，那飘落无声的雪才不寂寞。水晶盐，为谁甜？当然是书信另一端的友人。但同时，水晶盐为每一个尝雪的"孩子"而甜。

2. 不是杨花，点点是离人泪

水龙吟·次韵章质夫杨花词

似花还似非花，也无人惜从教坠。抛家傍路，思量却是，无情有思。萦损柔肠，困酣娇眼，欲开还闭。梦随风万里，寻郎去处，又还被莺呼起。

不恨此花飞尽，恨西园落红难缀。晓来雨过，遗踪何在？一池萍碎。春色三分，二分尘土，一分流水。细看来，不是杨花，点点是离人泪。

东坡想起咏杨花的时候，其友人章质夫的杨花词《水龙吟》已是传诵一时的名作，于是东坡步了章质夫的旧韵，隐含赛诗的意味。

且看章质夫《水龙吟·咏杨花》：

燕忙莺懒芳残，正堤上柳花飘坠。轻飞乱舞，
点画青林，全无才思。闲趁游丝，静临深院，日长
门闭。傍珠帘散漫，垂垂欲下，依前被、风扶起。

　　兰帐玉人睡觉，怪春衣雪沾琼缀，绣床渐满，
香球无数，才圆却碎。时见蜂儿，仰粘轻粉，鱼吞
池水。望章台路杳，金鞍游荡，有盈盈泪。

当年李白来到黄鹤楼，望着巨浪排空、滚滚洪流的长江
水，诗兴大发。但突然看见崔颢的题诗"昔人已乘黄鹤去，此
地空余黄鹤楼"，不禁心生各种羡慕嫉妒恨，恨崔颢占了先
机，于是悻悻地写了首打油诗："一拳打碎黄鹤楼，一脚踢翻
鹦鹉洲。眼前有景道不得，崔颢题诗在上头。"可是同题赋
诗，落败的并不一定是后来者，章质夫就是那倒霉的例外。

东坡的杨花词一出，世人即不传章质夫的词，或称"质
夫词，手工；坡老词，仙手"，或谓"坡公词潇洒出尘，胜
质夫千倍"。次韵压倒原作，章质夫真该后悔与东坡这样的
天才人物做朋友。

王国维在《人间词话》中肯定东坡此词是"最工"的
咏物词，之后还不忘挖苦章质夫："东坡《水龙吟·咏杨
花》，和韵而似原唱；章质夫词，原唱而似和韵。"山寨压

过原创，原创竟更成了山寨。人的才华高下真不可勉强。正如欧阳修名言："文章如精金美玉，市有定价，非人所能以口舌定贵贱也。"

"杨花"是古诗词中常出现的意象，但它与杨树无关，而是指柳絮。古人一般称柳树为杨柳，故柳絮也常被称为杨花。

柳絮本非花，准确地说，它是柳树的种子和种子上附生的茸毛。东坡说它"似花还似非花"表达的就是这种疑虑，人们称它为"花"，或许是出于对其"抛家傍路"的悲惨命运的怜惜吧。谁会认真计较呢？

庸俗的世人常说某某女子水性杨花，在他们看来，杨花代表水性，代表生性浮薄、用情不专。可在"常含泪水"的诗人眼里，杨花是飘零离散的象征，生来就是流落人间的命运。它们是那么轻，那么柔，仿佛没有重量，没有筋骨。它也不香、不艳，连世人的怜悯都挣不到。

北魏胡太后作过一首《杨白花》：

阳春二三月，杨柳齐作花。

春风一夜入闺闼，杨花飘荡落南家。

含情出户脚无力，拾得杨花泪沾臆。

秋去春还双燕子，愿衔杨花入窠里。

相传，这首词是为她远在南国的情人写的。胡太后本名胡充华，是北魏司徒胡国珍的女儿，被宣武帝召到后宫。她为宣武帝生下一个儿子，此儿三岁时被立为太子。宣武帝驾崩，太子继位，由于皇帝年龄太小，胡太后亲理朝政，一时大权在握。

当时有一个年轻将军叫杨白花，是北魏名将之子，"少有勇力，容貌魁伟"。胡太后难耐寡居的寂寞，逐渐看上了杨白花，屡屡招入后宫示爱。杨白花虽不情愿，但最终还是屈服于太后的威逼利诱。杨白花本是有志之人，私下常以此为耻，加上畏惧大祸来临，小皇帝越来越大，随时都可能发现自己与太后的私情。于是在父亲死后，杨白花"拥部曲，载父尸"投奔了南朝梁国，还把名字改成了杨华。

杨华逃去之后，胡太后日夜思念，但又无法声张，百转愁肠写了这首《杨白花》。杨白花，是柳絮亦是人名。"春风一夜入闺闼"，女人的柔肠被春风化开，但美好的时光一晃即逝，转眼"杨花飘荡落南家"。胡太后心中有怨——拾得杨花泪沾臆，有念——愿衔杨花入窠里。但若胡太后真的解情，她对杨华不应有恨，这样的结果对这段扭曲的感情来讲，不是最坏的。

柳絮也有威风的时候。在那春光明媚、暖气袭人的日子，一朵朵汇成一丛丛，大片大片地飞舞着，去捉弄路上的行人。可是这威风是脆弱的，一场雨浇下来，空中的"棉花糖"便一朵不剩，遗踪何在？一池萍碎而已。古人迷信，认为柳絮落水之后会变成浮萍。可是，懂得真相的你，告诉我，连浮萍都化不了，只能混入泥土，岂不是更大的悲哀？

《红楼梦》里，大观园里的盛世闲人们也填过一组柳絮词，黛玉的那首最为悲戚：

> 粉堕百花洲，香残燕子楼。一团团、逐队成球。漂泊亦如人命薄，空缱绻，说风流！
> 草木也知愁，韶华竟白头。叹今生、谁拾谁收！嫁与东风春不管，凭尔去，忍淹留！

柳絮像人一样，无来由地被抛在无情的人世间，它们互相追逐，想要成队成球，是要寻找寄托和依靠吧。但漂泊之命难违，再玲珑美好，又有什么风流可说？柳絮仿佛从来没有年轻过，生来就是白头。谁拾谁收？世人有几个会像潇湘妃子一样懂得葬花呢？想葬也难葬，飘来飘去，难拾难收。最后的命运，只能是嫁与东风，随意飘到哪里，到哪里便埋哪里。

黛玉的命运，与柳絮有何分别吗？我们情愿有，可惜没有。

　　从飞离树枝的那刻起，杨花才算有了自己的生命，可它掌握不了自己生命的行程。它可以随风飞扬，却也难逃被雨水浇成"一池萍碎"。所以流落的文人和薄命的红颜，才会在杨花身上看到自己的命运。杨花是漂泊无常的象征，是聚散匆匆的见证。东坡此词虽有游戏之意，但若没洒过几次"点点离人泪"，是写不出这样动情的篇章的。

3. 人比橘傲

浣溪沙·咏橘

菊暗荷枯一夜霜，新苞绿叶照林光。竹篱茅舍出青黄。

香雾噀人惊半破，清泉流齿怯初尝。吴姬三日手犹香。

南国多橘，楚地更是橘树的故乡。《汉书》盛称"江陵千树橘"，江陵即在黄州附近。东坡到黄州之后，领略到这一胜景，更贴身体会到橘树的高贵品格。东坡这首咏橘词，让人惊叹之处并非构思、用词的巧妙，而是入微的观察和盎然的情趣。若无一颗对生活永远保持新鲜感的心，是断不能到达这样的妙处的。

咏物诗词分两种，一种延续《诗经》以来的传统，托物言志，每写一物，即寓一意。这是咏物"正宗"，历来频有佳作，如骆宾王《咏蝉》："西陆蝉声唱，南冠客思深。不堪玄鬓影，来对白头吟。露重飞难进，风多响易沉。无人信高洁，谁为表予心。"一声声蝉鸣，其实是一句句心声。

而另一种写法，是直写物象的纯粹咏物，相比之下，似乎却沦为非主流。但实际上，"纯用赋体，描写确肖"，若选材练意得体、酌句谋篇得法，同样可作出精美工致的活计。如东坡咏橘，虽平淡无深意，亦足以令人低回寻味不已。《文心雕龙》中，咏物的最高标准是："写气图貌，既随物以宛转；属采附声，亦与心而徘徊。"此词可谓丝毫无愧。

秋来气凉，荷叶已枯黄，菊花也暗淡了，又逢一夜冰霜。可橘子的香甜竟受益于冰霜的击打，如白居易所言："琼浆气味得霜成"。不惧冰霜，反爱冰霜，橘树与东坡有同样的傲骨。相同的寓意，东坡还写过一首诗《赠刘景文》：

荷尽已无擎雨盖，菊残犹有傲霜枝。
一年好景君须记，最是橙黄橘绿时。

常人写秋景，大多一味悲秋。西风落叶，本亦可悲，但悲得多了，就只见牙慧不见悲意了。东坡没有悲人之悲，反以橙黄橘绿写出秋天里的勃勃生机，是对朋友品格和操守的夸赞，也可看作对自己的慰勉。

这首词没有沿着傲霜精神写去，只是点到为止，最妙的是过片三句，准确地说是三个词：惊半破、怯初尝、手犹香。惊，惊于橘皮迸裂时香雾溅人；怯，怯于橘汁的凉冷和酸涩。谁惊谁怯？吴姬。江南少女手留余香，词的读者心有余味。

对喜欢的事物，东坡从不吝惜笔墨，他还有《食柑》诗：

一双罗帕未分珍，林下先尝愧逐臣。

露叶霜枝剪寒碧，金盘玉指破芳辛。

清泉蔌蔌先流齿，香雾霏霏欲噀人。

坐客殷勤为收子，千奴一掬奈吾贫。

橘树是一种奇特的树种，春秋时期的晏子就注意到，"橘生淮南则为橘，生于淮北则为枳"。它挑选水土，只在楚国大地上才甘愿结出甜美的果实。"良禽择木而栖，贤臣择主而事"，良木择地而生。屈原年少时，曾咏橘明志。在那常含泪水的眼睛里，这份"受命不迁，生南国兮"的执着，可贵而可傲。

嗟尔幼志，有以异兮。独立不迁，岂不可喜兮。
深固难徙，廓其无求兮。苏世独立，横而不流兮。闭
心自慎，不终失过兮。秉德无私，参天地兮。愿岁并
谢，与长友兮。淑离不淫，梗其有理兮。年岁虽少，
可师长兮。行比伯夷，置以为像兮。

——屈原《九章·橘颂》

伯夷是商朝的遗民，他弟弟叫叔齐。周武王伐纣时，两
人出来阻拦，直言武王父死不葬是不孝，以臣弑君是不忠。
商朝灭亡后，伯夷、叔齐"誓不食周粟"，不吃周朝的粮
食，相携去首阳山采薇菜吃。他们并非顽固地维护旧朝，而
是以生命为代价来向天下人宣扬非暴力的政治原则，他们唱
着《采薇》歌：

登彼西山兮，采其薇矣。以暴易暴兮，不知其
非矣。神农、虞、夏忽焉没兮，我安适归矣？于嗟
徂兮，命之衰矣！

以暴易暴是一种罪恶，但全天下人都不以为非，反而称
赞以臣弑君之人的英勇神武。伯夷、叔齐不从流俗，坚持己

见，最终饿死在首阳山。

有一些骄傲看起来很傻，有一些执着看起来很迂，比如伯夷、叔齐的饿死。更让俗人费解的是，这样的傻和迂，竟总能得到传承。

屈原以橘自比，以伯夷为榜样，并非说说而已。"正道直行，竭忠尽智"的屈原，遭小人谗间，被楚王放逐，忧愁幽思而作《离骚》。以屈原之才，本可游仕他国，但他秉持"受命不迁，生南国兮"的橘树之性，宁愿神色憔悴地在祖国的荒野里浪游。

　　渔夫问屈原，原来的国家大臣，何以沦落至此？
　　屈原答：举世混浊而我独清，众人皆醉而我独醒，所以被放逐。
　　渔夫教导他说，"圣人"就要能与世浮沉，举世混浊，何不随波逐流？众人皆醉，何不与他们一起醉？

渔夫的教导常为后世的犬儒主义者引用，来为他们的"聪明选择"做依据。可总有那么一些人，明明知道聪明路在哪儿，还是继续走傻路。就像爱干净的人容忍不了脏衣服一样，他们容忍不了给心罩上一层尘土，即使这尘土再"肥沃"。与明心蒙尘的侮辱相比，屈原觉得葬身江鱼腹中反而是更好的选择，于是他选择了汨罗江，永远抛弃了抛弃他的庙堂。

"自疏濯淖污泥之中，蝉蜕于浊秽，以浮游尘埃之外，不获世之滋垢，皭然泥而不滓者也。"——太史公这样推许屈原。像橘一样，独立于世，自贵自洁，虽死不屈。

同样被放逐，东坡躬耕于黄州，自牧自耕、自斟自饮、自娱自乐，比屈原多了潇洒自适，少了凄苦怨怼。但橘的高贵与骄傲，是两人共有的精神。在霜风凄紧、众芳凋零时，每一株傲枝都为后来者指引着另外一种生命的可能。

4. 花前对酒不忍触

贺新郎·夏景（乳燕飞华屋）

乳燕飞华屋。悄无人、桐阴转午，晚凉新浴。手弄生绡白团扇，扇手一时似玉。渐困倚、孤眠清熟。帘外谁来推绣户，枉教人梦断瑶台曲。又却是，风敲竹。

石榴半吐红巾蹙。待浮花、浪蕊都尽，伴君幽独。秾艳一枝细看取，芳心千重似束。又恐被、秋风惊绿。若得君来向此，花前对酒不忍触。共粉泪，两簌簌。

这首词的主角又是美人，夏日午后一位与榴花相映成景的美人。作者没有交代美人的姓名，甚至连象征身份的特征都未提及，所以引来众说纷纭。有人说，东坡知杭州时，一次在西湖宴集，官伎秀兰浴后倦卧，姗姗来迟，折一枝榴花请罪，东坡乃作此词。有人又说，这首词是东坡在杭州万顷寺所作，当时寺内有榴花树，那天正有歌者昼寝。还有人说，是东坡为侍妾榴花作的。

所有这些猜测都有鼻子有眼，却都建立在一个未必正确的前提下：写美人的诗词一定要因美人而起。若相信这个前提，"制芰荷以为衣兮，集芙蓉以为裳"的屈原只能被当作一位异装癖患者了。他们忘记了，自屈原将香草美人与君国之思连接起来，美人和君子就不再有明显的性别之隔。

屈原遭谗被放逐之后，"眷顾楚国，心系怀王……一篇之中，三致志焉。"但他没有直言君臣之义，遣怀寄意都借香草美人来表达。"善鸟香草，以配忠贞；恶禽臭物，以比谗佞；灵修美人，以媲于君。"从此，每一种花木鸟虫被中国文化认养，开始有了自己的品格。而美人也有了良臣、明主的喻义。

"天下才有一石，曹子建独占八斗"的曹植，在继位之争中失势，被兄长曹丕妒忌、压制，年少时"长驱蹈匈奴，左顾陵鲜卑""捐躯赴国难，视死忽如归"的抱负都付诸流水。屡求自试而不可得之后，他写下《杂诗》：

南国有佳人，容华若桃李。

朝游江北岸，夕宿潇湘沚。

时俗薄朱颜，谁为发皓齿？

俯仰岁将暮，荣耀难久恃。

　　几代之后，杜甫身逢安史之乱，陷身贼手而不忘君国，竭忠尽诚却落得降职弃官、漂泊流离，于是也化身一位佳人，倾诉心中的苦愤：

绝代有佳人，幽居在空谷。

自云良家女，零落依草木。

关中昔丧乱，兄弟遭杀戮。

官高何足论，不得收骨肉。

世情恶衰歇，万事随转烛。

夫婿轻薄儿，新人美如玉。

合昏尚知时，鸳鸯不独宿。

但见新人笑，那闻旧人哭。

在山泉水清，出山泉水浊。

侍婢卖珠回，牵萝补茅屋。

摘花不插发，采柏动盈掬。

天寒翠袖薄，日暮倚修竹。

美人的比喻不独适用于君臣之间，朱庆馀有诗《近试上张水部》：

> 洞房昨夜停红烛，待晓堂前拜舅姑。
>
> 妆罢低声问夫婿，画眉深浅入时无？

表面上，写的是男女闺房情事，沉醉于幸福中的新娘在即将拜见公婆时心生忐忑。其实诗人是一位应举的士人，考前怕自己的作品不合主考官张籍之意，特写此诗征求意见。张籍则以《酬朱庆馀》作答：

> 越女新妆出镜心，自知明艳更沉吟。
>
> 齐纨未足时人贵，一曲菱歌敌万金。

一来一往，本是干谒求进之事，被诗歌包装之后却显得含蓄委婉、格调清新。

不同的作者，相异的心境，笔下的美人也有环肥燕瘦之别。杜甫总是悲痛沉郁地苦吟着，他笔下的美人便是"天寒翠袖薄，日暮倚修竹"。而东坡描绘的美人往往是雍容华贵的贵妇人形象。杜甫以萧萧修竹映衬高洁、落寞的佳人，东坡则用秾艳独芳的榴花为美人画像。

榴花是怎样的花？当夏之时，千花褪尽，榴花独芳。占尽一季风光的不只榴花，还有秋菊、冬梅。与秋菊的清雅、淡泊，冬梅的高傲、无畏相比，榴花的奇特在于，它在最炎酷的季节绽放自己，在最热烈的时候热烈。白居易说："山榴花似结红巾，容艳新妍占断春。"当寻常的那些"浮花浪蕊"都已零落时，只剩繁盛的榴花一枝浓艳。

正如人要寻知己，曲要觅知音，花总是要人来赏的。王阳明说："你未看此花时，此花与汝心同归于寂；你来看此花时，则此花颜色一时明白起来，便知此花不在你的心外。"花只在看花人的心中，所以榴花要"伴君幽独"。

榴花不言，有芳心千重似束。在花前细看的美人，懂得花的心思，因为她本身也是花儿一朵。红颜易老，美人最怕迟暮，榴花亦然。秋日一近，绿叶将被西风摧残。到时候，此时的赏花人难免对酒伤怀，泪珠儿、花瓣儿将一起簌簌落下。

用哪种态度待花对花儿最好，一直是个难题。是"花开堪折直须折，莫待无花空折枝"，还是像黛玉那样扫进绢袋，葬入花冢？其实最可爱并最可学习的，是胡适的《兰花草》：

我从山中来，带着兰花草。

种在小园中，希望花开早。

一日看三回，看得花时过。

兰花却依然，苞也无一个。

转眼秋天到，移兰入暖房。

朝朝频顾惜，夜夜不相忘。

期待春花开，能将宿愿偿。

满庭花簇簇，添得许多香。

5. 万重云外有征鸿

水龙吟·咏雁

露寒烟冷蒹葭老，天外征鸿寥唳。银河秋晚，
长门灯悄，一声初至。应念潇湘，岸遥人静，水多
菰米。乍望极平田，徘徊欲下，依前被、风惊起。

须信衡阳万里，有谁家、锦书遥寄。万重云
外，斜行横阵，才疏又缀。仙掌月明，石头城下，
影遥寒水。念征衣未捣，佳人拂杵，有盈盈泪。

元丰七年（1084）四月，苏轼离开黄州。从黄州移汝
州，苏轼的级别和待遇仍旧是团练副使、本州安置，但汝州
离政治中心开封要近得多，所以这表面上的平级调动实际上
意味着苏轼的身份由得罪贬窜向赋闲待用的转变。既然是赋

闲待用，苏轼便不着急去汝州，于是兜了个圈子，沿长江而下。先是在九江登岸爬了庐山，然后去筠州与弟弟苏辙会面，接着苏轼到了金陵。在这里，他拜访了已罢相八年的王安石，两人相谈甚欢，化解了之前的龃龉。

离开金陵向北行，苏轼思念起暂住金陵的妻妾。这首《水龙吟·咏雁》于是因思念而起，随鸿雁而飞，飞向石头城里的如花美眷。

万里云外有征鸿，云天之下有行人。行人见征鸿，会思远人，念征程，叹别离。征鸿见行人，是不是也会有恁多心思？也许不会，因为不论北归还是南翔，雁大多是成群结队、排行列阵。不管在"人"字，还是在"一"字里，前后或左右都会有伙伴，寂寞大概是不会有的。

可是，换个角度来想。浩浩荡荡开赴沙场的行军队伍，连绵数十里，再摆个一字长蛇阵，不正是地上的雁阵吗？在这样拥挤的阵仗里，那生无名、死无碑的一个个小卒，难道真的只会斗志昂扬，再呜咽的芦管也吹不下一滴泪水？"不知何处吹芦管，一夜征人尽望乡"，一句诗就打消了这样的假设。

人在人群中会寂寞，雁在雁阵中就不会吗？就像那首歌唱的，翅膀不过是落在天上的叶子。天上不是家乡，落叶总要归根，再辽远的飞行也有个终点，再潇洒的灵魂也有根线牵着。天高任鸟飞，那只是不会飞的人的妄想。

鸿雁传书是一件浪漫的事情，可历史上大雁是否真正当过人类的信使却是不确定的事。细究起来，鸿雁传书故事的发源也不是人与雁的亲密合作，而是人对雁的胁迫，甚至这个并不美好的故事也不尽实。

汉朝时，苏武出使匈奴被扣，之后长年在北海牧羊，生活艰辛，"掘野鼠去草实而食之"，但忠贞不屈。后来汉匈和亲，汉朝使者出使匈奴时，便要求单于归还苏武等人。匈奴不愿意放归如此精忠之臣，就谎称苏武已死。于是汉朝使者对单于说："我们天子在上林苑射猎，射下一只大雁，雁脚上系着帛书，上面写着苏武就在北海的某个地方。"单于听闻此言，惊讶万分，不得已才把苏武释放了。

汉帝真的射下一只大雁，而这只大雁又恰好是苏武遣来的？即使所有巧合都发生了，这也不是一个你情我愿的"人雁故事"。大雁只是不知情的运载工具而已，否则何劳汉帝把它射下来？既伤了性命，也违了"合约"，如果那"合约"真的存在。

而且，这个故事纯属子虚乌有。汉使早就知道苏武就在北海，并料到单于不会痛快放人，所以特意扯了这个谎来击破单于的谎言。

读过《汉书》的人都应该知道鸿雁传书的真相，可人们仍旧一厢情愿地传说着这个传说，仿佛大雁生来就是人类的信使。故事越来越美好，越来越浪漫。

"云中谁寄锦书来？雁字回时，月满西楼。"这是李清照新婚不久，寄给负笈远游的丈夫的信，带着轻愁的思念和期盼，略含埋怨，但更多的是美好。可怜易安居士在国破夫亡、凄凄惨惨戚戚的晚年，又见到旧时之雁："雁过也，正伤心，却是旧时相识"。"这次第，怎一个愁字了得？！"

王湾思乡时，会期待："乡书何处达？归雁洛阳边"；杜甫怀念李白时会担心："鸿雁几时到，江湖秋水多"；李煜思念故国时，会感叹："雁来音信无凭，路遥归梦难成"。雁是信使，是寄托。

如果每个先看到大雁的人都在心中默写下问候和思念，让它们带走，而每个后看到大雁的人，又都知道远方的亲友已托它们带了"信儿"过来，并在心中把"信儿"还原，那么到底有没有锦书还有什么关系吗？或许，这就是古人心照不宣的秘密吧。

人们把雁塑造成如此通情的形象，但并未因此就对它们格外友善。战国时有个神射手叫更羸，有天他与魏王一起在京台之下，更羸向魏王夸耀说，自己拉弓虚射就可以把鸟射下来。说话间，一只羸弱的雁从东方徐徐飞来。更羸摆好姿势，拉满弓弦，虚射一箭，雁便应声而落。

原来更赢观察到这只雁飞得缓慢、鸣叫悲戚，判断出它不仅身上有伤，而且心中惊恐。听到弦鸣，这只雁就会猛地扇动翅膀往高处飞，牵动旧的创伤，疼得跌落下来。这就是"惊弓之鸟"的故事。这个故事想要说的不仅是人的聪明，还有雁的蠢笨，却唯独没有提到人的残忍。

幸好不是每一个人都忽视了人对雁的残忍。金代诗人元好问曾因见一雁被杀，另一雁悲鸣不去、投地而死，而写下《摸鱼儿·雁丘词》：

> 问世间，情为何物，直教生死相许？天南地北双飞客，老翅几回寒暑。欢乐趣，离别苦，就中更有痴儿女。君应有语，渺万里层云，千山暮雪，只影向谁去？
>
> 横汾路，寂寞当年箫鼓，荒烟依旧平楚。招魂楚些何嗟及，山鬼暗啼风雨。天也妒，未信与，莺儿燕子俱黄土。千秋万古，为留待骚人，狂歌痛饮，来访雁丘处。

这首词的创作背景是这样的：元好问在路上碰到一人在卖捕杀的大雁。捕雁者自述，他捕获一只雁后，那只逃脱落网的"幸运儿"不断悲鸣，最后竟然坠地自杀。猎人在讲这个故事时，眼光中应该是疑惑、不解，还有一丝守株待兔后的喜悦。听故事的人，却被这对雁感动了，元好问花钱买了这对雁，把它们葬在汾水岸边，堆石为记，名为雁丘，并写下这首雁丘词。

幸运的猎人撞到两件傻事：痴雁自杀和痴人葬雁。可是痴雁完成了"在天比翼，在地同穴"的誓愿，痴人洒了几滴热泪，记下这千古奇情。猎人得到的钱财，与痴雁、痴人的所得相比，孰轻孰重？

人会赌咒，会发誓，会说"生同寝，死同穴"，会说"海枯石烂"。雁什么也不会，只会悲鸣不已，只会坠地自戕。但感天动地的是迁而痴的雁，而不是会变通的人。若不痴，不傻，又怎能忠贞守一、生死不离？

东坡是一个幸运的男人，他生命中的每一个女人都是值得思念、守持和期许的。石头城下，寒水中月影频摇；石头城里，寒舍内佳人望月怀远。在政治动荡的时期，谁也不清楚未来会发生什么，但至少还有愿意为他"捣征衣"的佳人与他相濡以沫。有了这样一种确定，东坡即使走夜路也会更气定神闲一些。

6. 一蓑烟雨任平生

定风波（莫听穿林打叶声）

三月七日，沙湖道中遇雨。雨具先去，同行皆狼狈，余
独不觉。已而遂晴，故作此词。

莫听穿林打叶声，何妨吟啸且徐行。竹杖芒鞋
轻胜马，谁怕？一蓑烟雨任平生。

料峭春风吹酒醒，微冷，山头斜照却相迎。回
首向来萧瑟处，归去，也无风雨也无晴。

如果要在苏轼的诗词中选一句来形容他这一生，那么最
贴切的非"一蓑烟雨任平生"莫属。凉雨侵人，春风料峭，
林间沙路上，此境中有一人，身无雨具却步伐从容，且边走

边吟咏长啸。一场雨寓意着一生，在命运的风雨吹打里，苏轼不正是一直这么泰然前行吗？

在诗人笔下，雨是变化万端的仙子，浓妆淡抹总相宜。许浑"山雨欲来风满楼"说的是紧张，韩愈"天街小雨润如酥"写的是清新，李商隐"何当共剪西窗烛，却话巴山夜雨时"寄的是思念，李清照"梧桐更兼细雨，到黄昏，点点滴滴"诉的是凄婉，杜牧"南朝四百八十寺，多少楼台烟雨中"发的是怀古幽情，李煜"帘外雨潺潺，春意阑珊"记的是梦里江山。

雨的姿态不仅因人而异，而且即使在一个人眼里，雨的模样也是变动不居的。

蒋捷《虞美人·听雨》：

少年听雨歌楼上，红烛昏罗帐。壮年听雨客舟中，江阔云低、断雁叫西风。

而今听雨僧庐下，鬓已星星也。悲欢离合总无情，一任阶前、点滴到天明。

少年听雨歌楼上。

蒋捷出身世家，家境良好。他的青春是歌舞的青春。摇曳的红烛，曼妙的歌女，罗帐里荡漾着燕语莺喃。如果这雨中带有一丝愁味，那也是"少年不识愁滋味"的强说愁。在光与色的组合中，闪烁的是青春和欢乐的幻想。但青春与欢乐都是短暂易逝的。

壮年听雨客舟中。

少年听雨的镜头是楼内近景，到了此时，镜头从舟中探出，摄入一幅水天辽阔、风急云低的江上求雨图。那只在风雨中失群单飞的大雁，正是蒋捷自己的影子。

蒋捷生当宋元易代之际，大约在宋度宗咸淳十年（1274）中进士。蒋家与岳家是世交，年少的蒋捷和岳飞一样有精忠报国之志。可命运捉弄了他，蒋捷中的进士成了南宋的末代进士。未过几年，南宋灭亡。进士还没坐稳的蒋捷顿时失去奋斗目标。

壮年的蒋捷失去了"软语灯边、笑涡红透"的家庭温暖，只得在"万叠城头哀怨角"的乱世中东奔西走，漂泊四方。江山之大，尽属异族，已无他栖息之地。他的一腔旅恨、万般离愁都被涂写在这幅江雨图中。

而今听雨僧庐下。

少年头早白，滚烫的心也渐渐冰凉。年老体衰的蒋捷，寄居在太湖上一个孤岛的竹林中，从此"竹山"成了他的号。史载蒋捷"宋亡不仕，抱节以终。"他自知没有气力恢复赵宋江山，但仍揣着衣冠礼仪之邦的残梦。他以"竹山"

为号，就是要像竹子一样挺直，宁折不屈。在木鱼声中禅定，就成了他的宿命。

僧庐下，白发老人独听夜雨。苍老的心已尝遍悲欢离合的滋味，衰枯的身体经历了江山易主的桑田之变。少年的欢乐和壮年的愁恨一起埋在幽深的湖底，听任暗流去冲刷。伸手下去，打捞上来的只有一腔空虚。

雨声依旧滴滴答答地敲着石板，此时此刻的蒋捷虽听出了雨声的无情，自己却早已木然无动于衷了。

不管是"山雨欲来"的紧张，"小雨如酥"的清新，"到黄昏，点点滴滴"的凄婉，还是少年听雨的欢乐，壮年听雨的抑郁，甚至暮年听雨的木然，都是一种明确的情绪，是一种存在，一种"有"。但东坡这阕《定风波》，其妙其怪之处却在于，它表达的不是某种明确的情绪或想法，它营造的不是"有"，而是"无"。

"莫听穿林打叶声"，雨中不听雨，那要听什么呢？东坡不说。"何妨吟啸且徐行"，前方的路通向哪里？东坡不说。"一蓑烟雨任平生"，这平生是要悲要喜，要聚要散呢？东坡不说，只是"任"之。

料峭春风吹酒醒，微冷。微冷是清凉多一点，还是寒冷多一点？东坡不说。山头斜照却相迎。夕阳无限好，只是近黄昏。更强调无限好，还是更强调近黄昏？东坡不说。归去。归去田园，还是归去朝堂？东坡不说。

东坡什么都说到了，但什么都不说透。像个写小说的高手，把疑问一直埋到最后，到最后却仍然是疑问。这首词的序分明说"已而遂晴"，明确指出天放晴了，"山头斜照"的出现也证明了这一点。但东坡却故作矛盾，以一句"也无风雨也无晴"结了尾。

何妨吟啸且徐行。竹杖芒鞋轻胜马。一蓑烟雨任平生。从这几句能明显读出东坡在道中遇雨之后的从容淡定、坦然自适。但坦然之后却又没有别的了。既没有对狼狈的同行者进行揶揄，也没有抒发雨过天晴的愉悦，连天晴都说成了"也无风雨也无晴"。仿佛什么都没有发生过，天没有下过雨，雨没有发出过"穿林打叶声"，东坡也没有在雨中"吟啸徐行"……

简单说，东坡在这首词的落脚处留了白。

音乐中的留白是为"此处无声胜有声"，中国画中的留白是为此处无物胜有物。创作者之所以留白，是相信他留的白会由听者、读者自动填充，用心去填充。这是作者和受众的默契，像一种隔绝时空、不定身份的游戏。

东坡为词留白的举动，让我想起林庚也是写下雨的一首诗，叫《春天的心》，个中风味有些相似：

春天的心如草的荒芜

随便地踏出门去

美丽的东西到处可以捡起来

少女的心情是不能说的

天上的雨点常是落下

而且不定落在谁的身上

路上的行人都打着雨伞

车上的邂逅多是不相识的

含情的眼睛未必是为着谁

潮湿的桃花乃有胭脂的颜色

水珠斜打在玻璃车窗上

江南的雨天是爱人的

　　天上的雨点常是落下，但不定落在谁的身上。每一次邂逅都是偶然，又都像前世注定。而这，正是人间最隽永的乐趣吧。

7. 补残词，漏残梦

洞仙歌（冰肌玉骨）

仆七岁时，见眉山老尼，姓朱，忘其名，年九十余。自言尝随其师入蜀主孟昶宫中，一日大热，蜀主与花蕊夫人夜约凉摩诃池上，作一词，朱具能记之。今四十年，朱已死久矣，人无知此词者。但记其首两句，暇日寻味，岂《洞仙歌》令乎？乃为足之云。

冰肌玉骨，自清凉无汗。水殿风来暗香满。绣帘开，一点明月窥人，人未寝，欹枕钗横鬓乱。

起来携素手，庭户无声，时见疏星渡河汉。试问夜如何？夜已三更，金波淡，玉绳低转。但屈指

西风几时来，又不道流年暗中偷换。

东坡七岁时遇见一个九十多岁的老尼，老尼跟他讲了自己年轻时候亲历的一件前朝旧事，故事的主人公是后蜀末代皇帝孟昶和其花蕊夫人。

孟昶的命运和南唐后主李煜类似，都是被宋太祖赵匡胤灭国之后归附北宋，归附后又都不得善终。在改朝换代的历史大潮中，他们扮演的都是悲剧性角色。更为巧合的是，两个亡国之君又都是词场上的高手。李煜的才华我们不必多说，孟昶也是一位好填词、工声律的君主。孟昶还发明了过新年时用红纸写对联贴在门楣上，并创作了历史上第一副对联：新年纳余庆，佳节号长春。

花蕊夫人是孟昶之妃，本姓徐，以美艳聪慧著称。美女以花为名是很正常的，可她却名为花蕊，因为花已不足以形容其姿色，花蕊显得更轻盈、香艳。

相传，孟昶最为怕热，于是在摩诃池上修筑水晶宫殿，作为避暑之地。盛夏夜晚，备鲛绡帐、青玉枕，铺着冰簟，叠着罗衾，孟昶与花蕊夫人便在此享受清凉。九十多岁的老尼，一直记着孟昶为花蕊夫人作的一首词，并讲给了年幼的苏轼。四十年后，苏轼谪居黄州，还记得老尼讲的故事和故事中的词，但词只记得两句了："冰肌玉骨，自清凉无汗。"

小苏轼为何对这两句格外入心，大概是儿童对水晶殿这类的传说格外好奇，不相信炎暑之时人竟能"清凉无汗"吧。

可惜只记得两句了，否则花蕊夫人会通过这首词，露出更真切的面目。如果是乾嘉学派那些有考据癖的人遇到这类难题，他们大概会一头扎进古书丛中，翻个灰头土脸、海枯石烂，最后也许只能得出一个严谨而无意义的结论：不可考。而东坡这样的文学奇人，是不会选择笨办法的，他的办法很简捷：补成完篇。

面对一件残缺不全的出土文物，考古学家会选择原封不动加以保存，这是学术规范；商人会考虑修复之后高价卖出，可如果修复的成本太高，他们会不声不响地仿制一件，然后声称这是真品。只有艺高胆大、心闲气盛的艺术家，才能从两块残片中看出它的原型，并不辞辛苦、不计目的地收集材料、设计方案，会照着心中设想的模样使它复原如初。也许九牛二虎之力换来的只是案头的一件摆设，但他们就是愿意管这件无人在乎的闲事。

不得不说，东坡的"手艺"的确精湛。文物保护讲究修旧如旧，东坡补足的这首佚词，若自序中"但记其首两句"改成"但记其中两句"，谁能辨出原来的两句是什么？

原词"冰肌玉骨"一语甚妙，与"花容月貌"相似而有高下、雅俗之别。盛夏之时，花蕊夫人的肌骨冰凉玉润，全无汗染。东坡一句"水殿风来暗香满"恰好相接，"冰肌玉骨"是仙人，可仙界虽好，高处不胜寒，"暗香满"就点出了"仙人"身上的人气。不过东坡也没有全说透，暗香是殿内焚焙之香，摩诃池莲荷之香，还是美人体自生香？可见东坡的文心笔力。

东坡是以孟昶的心去写，是以孟昶的眼去看。他写的是安富尊荣的皇帝和花容月貌的贵妃，但没有暗示对奢侈淫逸的批评，或者对他日后蜀亡国之恨的感慨，只是写了一男、一女、一闲事。花蕊夫人是直写，"冰肌玉骨""攲枕钗横鬓乱"是也，孟昶暗中出场，"携素手"是也。一闲事，不过是两人夏夜携手闲步中庭。

清绝之境，并不难写，尤其是秋夜之清绝，如杜牧的"银烛秋光冷画屏"，但要写炎夏之夜的清绝却极难落笔。孟浩然写过："微云渡河汉，疏雨滴梧桐"，当时一座惊叹。东坡的"时见疏星渡河汉"，足以抵之，写的是大热中之清绝。

整首词都是东坡设身处地为孟昶和花蕊夫人二人安排的情节。因天热，人不能寐，钗横鬓乱。风来水殿，月舞当空，于是两人携手而出。深宵，寂无人语。抬头望天，银河寂静而恬淡，时见流星一点，掠过其间。两人又不禁共语：何时夏尽秋来，溽暑退去呢？

在他笔下，这两人仿佛不是历史中的人物，而是虚构的两个角色。他们就像为这首词而存在，默默地演完这场戏，然后鞠躬，转身退出舞台。可历史没有如约终止，像残忍的车轮滚滚前行，碾碎了这寂静的美好。

孟昶在位三十年后，北宋军队在大将王全斌指挥下分两路伐蜀。脆弱不堪的后蜀军队，无法阻挠"分久必合，合久必分"的天下大势。战败，投降，孟昶没有选择的余地。孟昶降后，被赵匡胤强纳入后宫，便成了花蕊夫人的唯一命运。

不过与孟昶相比，花蕊夫人在历史上的身影要更刚直一点。孟昶留下的是"七宝溺器"的笑柄。孟昶的溺器上用七宝作装饰，这件战利品到了宋太祖手中时，他命人全部打碎，并说：如此奢侈，不亡国才是怪事！而花蕊夫人留下的却是一首《述国亡诗》：

君王城上竖降旗，妾在深宫那得知？
十四万人齐解甲，更无一个是男儿！

"流年暗中偷换"，终于把情投意合换成了国破家亡。东坡的妙手可以补全一首词，却补全不了孟昶和花蕊夫人的"仲夏夜之梦"。岂止补不全古人的梦，他几时又补全过自己的梦？文字有时是那么有力，能搭建出一整个世界，有时又那么疲弱，就像一针致幻剂，只有自欺欺人的功效。文字结束，药效结束，一切依旧。

论古总为伤今，东坡虽未明言，但兴寄全在词中。炎夏之际，谁都盼望着秋风送爽。但真正夏过秋来，又该感叹"流光容易把人抛"。在人生苦境中，每个人都在不断追求将来要出现的美境。但美境到来之后，又成了另外一种苦境：如此循环，永不止息——而岁月，就在人不断期望又不断失望的颠倒循环中悄悄老去。东坡的意思应是：唯有当下值得把握。这首词像东坡很多别的词一样，使人从悲哀中生出达观的精神。